Walther Ziegler

Kant
en 60 minutes

traduit par

Isabelle Durand

Je remercie Rudolf Aichner pour sa direction éditoriale infatigable, Silke Ruthenberg pour la délicate réalisation graphique, Angela Schumitz, Lydia Pointvogl, Eva Amberger, Christiane Hüttner, Martin Engler pour la relecture. Je remercie aussi Monsieur le Professeur Guntram Knapp à qui je dois ma passion pour la philosophie. J'adresse des remerciements particuliers à ma traductrice, Isabelle Durand (ISATRAD®) et à Alexander Reynolds et Vincent Koroneos qui ont effectué, en tant que philosophes, une dernière relecture scientifique du texte français.

Plus l'esprit s'en préoccupe souvent et durablement au cours de ses réflexions, deux choses le remplissent d'admiration et de craintes incessantes et croissantes : *Le ciel étoilé au-dessus de moi et la loi morale en moi.* ¹

Informations bibliographiques de la Bibliothèque nationale de France :
Cette publication est référencée dans la bibliographie nationale de la Bibliothèque nationale de France.
Les informations bibliographiques détaillées sont disponibles sur internet : www.bnf.fr

© 2019 Dr. Walther Ziegler
Première édition décembre 2019
Conception graphique du contenu et de la couverture: Silke Ruthenberg avec des illustrations de:
Raphael Bräsecke, Creactive - Atelier de publicité, bande dessinée & d'illustrations (dessins)
© JackF - Fotolia.com (cadres)
© Valerie Potapova - Fotolia.com (cadres)
© Svetlana Gryankina - Fotolia.com (bulles entourant les citations)
Édition: BoD – Books on Demand, 12/14 rond-point des Champs Élysées, 75 008 Paris
Impression: BoD – Books on Demand, Norderstedt, Allemagne

ISBN 9782-3-2210-962-3
Dépôt légal : janvier 2019

Table des matières

La grande découverte de Kant   7

La pensée centrale de Kant   17

  Que puis-je savoir ?
La critique de la raison pure   17

  La dispute entre les rationalistes
et les empiristes   20

  La solution géniale de Kant
au problème de la connaissance   24

  Espace et temps   33

  Les catégories   47

  Catégories sur l'autoroute   55

  La connaissance en tant qu'interaction
entre intuition et réflexion   64

  On ne saurait reconnaître Dieu   73

  Que dois-je faire ?
La critique de la raison pratique   78

  Critique de l'hédonisme : Le principe
de plaisir ne connaît aucune morale   83

  Critique de l'utilitarisme :
L'examen de l'utilité est dangereux   87

  Critique de l'eudémonisme :
La vertu seule ne suffit pas   92

Critique du légalisme : Les lois peuvent être injustes	98
L'impératif catégorique : la seule véritable loi morale	102
Devoir et autonomie de la volonté	109
Que puis-je espérer ? La critique de la religion	115
À quoi nous sert aujourd'hui la découverte de Kant ?	**119**
L'établissement philosophique des sciences	119
L'impératif catégorique : aiguillon de la morale	122
La durabilité : la maxime des Modernes	126
La philosophie des Lumières ne connaît pas de limites : Sapere Aude !	130
Index des citations	**135**

La grande découverte de Kant

Emmanuel Kant (1724-1804) est considéré comme ayant probablement été le plus important philosophe de tous les temps. Il a en effet fait au 18e siècle deux grandes découvertes qui jouent aujourd'hui encore un rôle majeur en philosophie. D'une part, il posa les bases de « L'impératif catégorique » qui se veut avoir une portée universelle et, d'autre part, il fut le premier philosophe à être parvenu à répondre à la très ancienne question que se pose l'humanité, à savoir : comment la connaissance se forme dans notre cerveau. Dans son principal ouvrage, la « Critique de la raison pure », il examine sur plus de mille pages le mode de fonctionnement du système de pensée humaine.

Kant était irrité par le fait que tous les philosophes qui l'avaient précédé prétendaient tout et son contraire et parvenaient même à des conclusions contradictoires :

> La philosophie est remplie de définitions défectueuses [...]. ²

D'après Kant, cela tient à la mauvaise utilisation qui est faite de la raison. Certes, tous les êtres humains et donc, naturellement, les philosophes aussi voient une seule et même réalité. Mais en raison d'illusions et d'erreurs de réflexion, ils parviennent en fin de compte, d'après Kant, à des avis extrêmement contradictoires. Afin de ne pas être soi-même victime de telles erreurs de réflexion, il préféra tout d'abord ne plus faire aucune déclaration à caractère philosophique. Onze années durant, il ne publia absolument rien, pas un seul livre, pas un seul essai, pas un seul mot, et ce, malgré le fait qu'en qualité de professeur de philosophie, on attende de lui qu'il le fît. Au lieu de cela, il se retira à quarante-six ans dans son cabinet de travail et fit avec obstination des recherches sur le détail du fonctionnement de notre système de pensée et les utilisations que l'on peut en faire pour que nos dires soient exempts d'erreurs. Il vérifia de manière critique ce que l'être humain peut reconnaitre en utilisant sa raison et ce qu'il ne peut pas reconnaitre. C'est la raison pour laquelle il intitula sa principale œuvre la « Critique de la raison pure » :

> [...] Je n'entends pas par là une critique des livres et des systèmes de la raison pure, mais il s'agit uniquement de celle du pouvoir de la raison pure lui-même. [3]

Pour lui, ce qui a toujours été décisif, c'est uniquement la question critique : que peut vraiment reconnaître la raison avec certitude et où commence la spéculation ?

Il était obsédé par la recherche de la réponse à cette question. Chaque matin, il se faisait réveiller dès cinq heures par son valet qui lui disait : « Il est temps ! » Encore en robe de chambre, il s'asseyait pendant deux heures à son bureau avant d'aller donner de sept à neuf heures ses cours à l'université. Juste après, il se remettait au travail toute la matinée puis déjeunait à douze heures précises avec ses amis. Toutefois, ces derniers ne devaient en aucun cas parler de thèmes philosophiques, puisque Kant voulait se détendre afin de pouvoir continuer à travailler l'après-midi avec d'autant plus de concentration. À sept heures précises, il faisait chaque jour une promenade et c'est ainsi que les habitants de Koenigsberg qui le voyaient sortir sur le pas de sa porte avec son chapeau et sa canne pouvaient régler leur montre sur lui. Il passait sa soirée à lire les livres d'autres philosophes avant d'aller se coucher, ponctuellement, à dix heures. Infatigablement et avec une discipline de fer, il se posait jour après jour, mois après mois et année après année toujours la même question : comment fonctionne la raison humaine et qu'est-ce que l'homme peut connaître en ne se servant que de cette raison ?

Ainsi, il a ressassé ses idées pendant onze années durant (ce qui est presque inimaginable pour les êtres humains d'aujourd'hui) jusqu'à ce qu'il a pu livrer à l'humanité une réponse à cette question. Et quelle réponse! Son livre « Critique de la raison pure » fit sensation. Après une certaine période de démarrage, il s'est propagé dans le monde entier et reste, jusqu'à ce jour, l'ouvrage philosophique le plus important de tous les temps. Mais il lui a causé aussi de bien grands ennuis avec l'Église. En effet, son résultat était brutal. L'examen critique du système de pensée de l'être humain ou, comme le dit Kant, l'examen critique de la raison pure a en effet donné pour résultat que notre capacité de connaissance est très limitée. Notre raison, dit Kant, est uniquement en mesure de reconnaître avec certitude ce que nous avons auparavant aussi vu, entendu, senti, goûté ou touché avec nos cinq sens. Aucun être humain ne peut seul, uniquement par la réflexion sur un objet, parvenir à une connaissance parfaitement certaine de ce dernier s'il n'a jamais appréhendé auparavant cet objet au moyen de ses sens. Finalement, nous ne pouvons même pas connaître Dieu, puisque nous ne pouvons pas percevoir celui-ci au moyen de nos sens. Dieu n'a pas de représentation physique. Certes, le mot « Dieu » existe, mais personne ne l'a jamais vu. Pour cette raison, Dieu est tout d'abord uniquement une pensée abstraite ou, selon l'expression de Kant, un concept vide :

Les pensées sans contenu sont vides [...]. [4]

C'est la raison pour laquelle Kant récusait toutes les preuves de l'existence de Dieu comme n'étant pas scientifiques, alors qu'à son époque ces preuves étaient encore très répandues. D'après Kant, ni Dieu, ni le Diable, ni même la vie après la mort ne peuvent être reconnus et prouvés par la raison. Ainsi, il s'est bien entendu fait du Pape et de l'Église des ennemis. Le très pieux roi de Prusse, Frédéric II, lui a formellement interdit de faire connaître son opinion concernant Dieu et la religion. Les autres professeurs, eux non plus, n'ont pas eu le droit pendant des années de donner des cours en Prusse sur les écrits de Kant qui critiquaient la religion.

Mais Kant a rendu un service inestimable aux sciences physiques et naturelles avec la critique de la connaissance. Pour la première fois, il a fourni aux chercheurs une panoplie d'instruments formidablement simples et parfaitement logiques, valables encore aujourd'hui, et qui permettent de comparer tous les résultats dans le monde entier. D'après Kant, chaque théorie, aussi bonne soit-elle, doit toujours être prouvée par des expériences, c'est-à-dire, par exemple, par des expérimentations qui peuvent être répétées. Ce n'est qu'alors que l'on peut parler de connaissance réelle. Ainsi commença la marche triomphale sans pareille des sciences physiques et naturelles et de la technique qui perdure jusqu'à ce jour. Enfin, les résultats des recherches pouvaient être vérifiés dans le monde entier, comparés entre eux et la connaissance pouvait progresser, puisque tous se servaient dorénavant de la même méthode garantie du point de vue de la théorie de la connaissance, la méthode d'Emmanuel Kant. En effet, il a été le premier à répondre à la question de la théorie de la connaissance « Que puis-je savoir ? » et a ainsi ouvert la voie au démarrage universel des sciences.

Cela est pourtant loin de résumer l'importance de la philosophie de Kant. Dans son deuxième grand ouvrage, la « Critique de la raison pratique », Kant examine la question peut-être encore plus importante de l'humanité :

Que dois-je faire ? [5]

Dans la vie, il ne s'agit pas seulement d'explorer le monde et de le connaître, mais surtout de se comporter correctement et de faire ce qui s'accorde avec le bien. Qu'est-ce qui est bien, qu'est-ce qui est mal ? Comment dois-je agir ? Existe-t-il une orientation de comportement juste qui serait semblable pour tous les êtres humains ? À cette question aussi, Kant parvient à apporter une réponse sensationnelle : ce que l'on nomme l'« impératif catégorique ». Des millions d'élèves et d'étudiants dans le monde entier apprennent encore aujourd'hui le célèbre impératif d'action que Kant a conçu il y a plus de deux siècles.

Aussi importants que soient ses effets d'une part, aussi modeste a été sa propre existence d'autre part. Il semblerait qu'il n'ait jamais quitté sa ville natale Koenigsberg, aujourd'hui Kaliningrad. Un biographe de son époque raconte même que Kant n'est sorti qu'une seule et unique fois en fiacre de la ville pour aller à quelques kilomètres rendre visite à un ami. Il regretta toutefois tellement son retour involontairement tardif, et qui avait bouleversé son quotidien, qu'à l'avenir, il renonça à de telles aventures et se consacra exclusivement à ses études. Même les femmes n'occupèrent aucune place dans sa vie. Il les considérait vraisemblablement comme une perte de temps qui aurait pu détourner son attention des choses essentielles. Lorsqu'on le questionnait sur son célibat, il avait l'habitude de répondre :

La grande découverte de Kant

C'est par le mariage que la femme devient libre ; avec lui, l'homme perd sa liberté. [6]

Le plus grand plaisir de Kant était tout simplement de penser et il consacrait sa liberté à s'adonner sans restriction à cette passion. Tant ses contemporains que des penseurs d'époques plus récentes aussi se sont moqués de Kant en raison de son mode de vie excessivement ascétique. Une chose est toutefois certaine, c'est qu'à la fin de sa création, il avait créé le projet éthique le plus important que l'esprit humain eut jamais produit et qui est applicable encore aujourd'hui : l'impératif catégorique. L'impératif catégorique est déjà intemporel et moderne du seul fait que Kant présentait ainsi pour la première fois un principe d'action morale qui se basait exclusivement sur la raison et non plus, comme dans les siècles antérieurs, sur le fait de croire au bien et au mal.

Kant apporta un tout nouveau mode de pensée à l'histoire de la philosophie et de l'humanité : la pensée critique. Dans cette mesure, Kant a probablement été le penseur le plus conséquent des « siècle des Lumières » lorsqu'il exhorta les hommes à mettre en question toutes leurs propres connaissances et en se libérant de manière radicale des illusoires savoirs traditionnels :

> Les lumières, c'est pour l'homme sortir d'une minorité qui n'est imputable qu'à lui. [7]

La pensée centrale de Kant

Que puis-je savoir ?
La critique de la raison pure

Lors d'un cours de philosophie, Kant a dit un jour qu'il n'y a dans la philosophie que quatre questions qui ont vraiment de l'importance : Que puis-je savoir ? Que dois-je faire ? Que m'est-il permis d'espérer ? Qu'est-ce que l'homme ? Lui même s'est principalement intéressé aux deux premières questions.

Dans les mille pages de son imposante « Critique de la raison pure », il étudie la question fondamentale de savoir ce qu'en tant qu'être humain je peux savoir et connaître. À cette occasion, il utilise moins le mot critique au sens du langage moderne en tant que jugement négatif qu'au contraire, au sens originel du mot grec « krinein » ce qui, traduit, signifie « examiner » ou « vérifier ». Il veut procéder à une investigation foncière de ce que la raison pure est capable, et de ce qu'elle n'est pas capable, d'effectuer. Il compare cet examen critique à un procès au tribunal, au cours duquel la raison est en même temps demanderesse et défenderesse, puisqu'elle doit examiner elle-même sa propre capacité de performance sous forme d'autocritique. Au bout de deux mille ans d'histoire de la philosophie, il semblait à Kant grand temps qu'un procès d'une telle sévérité soit fait. La discussion centenaire des philosophes concernant la vérité menaçait en effet, d'après Kant, de s'enliser dans des contradictions et le chaos et devenait une plus que nette exhortation à enfin éclaircir ces questions fondamentales :

> [...] elle constitue un appel adressé à la raison pour qu'elle prenne à nouveau en charge la plus difficile de toutes les tâches, celle de la connaissance de soi, et qu'elle institue un tribunal qui la garantisse en ses légitimes prétentions, mais tout en sachant en revanche éconduire ses présomptions sans fondements, non par des décisions autoritaires, mais en vertu de ses lois éternelles et immuables ; et ce tribunal n'est rien d'autre que la Critique de la raison pure elle-même. [8]

C'est ici que l'ampleur du projet de Kant devient évidente. Il ne s'agit pas d'écrire simplement une théorie philosophique ou scientifique de plus, bien au contraire, il vise une qualité bien plus fondamentale. Il veut vérifier ce qu'il est théoriquement possible de connaître en utilisant correctement la raison humaine et ce qui ne l'est pas :

> C'est donc de la première et plus importante affaire de la philosophie que de priver à tout jamais la métaphysique de la moindre influence dommageable en colmatant la source des erreurs commises. [9]

Et la source des erreurs, selon Kant, est l'ignorance du fonctionnement de la pensée. Trop souvent, la pensée a été et est mal utilisée. Kant veut, comme il le souligne à chaque fois, fixer « une fois pour toutes », c'est-à-dire pour tous les temps passés et à venir, ce qui doit être le fondement de toute science afin de pouvoir se qualifier comme telle. Il veut trouver ce qu'il faut en général comprendre par « connaissance scientifique ».

La dispute entre les rationalistes et les empiristes

À l'époque de Kant, il existait deux grands courants philosophiques, le rationalisme et l'empirisme. Ces deux courants étaient à tel point en conflit qu'ils se reprochaient mutuellement naïveté et étroitesse d'esprit.

Le mot « rationalisme » vient du mot latin « ratio », qui ne signifie rien d'autre que « raison ». Et, en effet, les rationalistes se référaient seulement et uniquement à la raison. C'est uniquement à l'aide de la raison, c'est-à-dire donc uniquement en réfléchissant et en tirant des conclusions logiques que l'on parvient à des conclusions véridiques. Dans sa proclamation devenue célèbre « Je pense, donc je suis », le rationaliste français, René Descartes, a attribué à la raison un rôle décisif et unique dans la recherche de la vérité.

Toute chose que nous ressentons au moyen, par exemple, de nos cinq sens, pourrait n'être qu'une simple illusion des sens et serait donc absolument insuffisante pour la recherche de la vérité. Un exemple de cela est le lever du soleil. Ainsi, c'est une illusion des sens de croire que le soleil se lève juste parce qu'on le voit monter chaque jour dans le ciel. Considérée de manière rationaliste, c'est-à-dire purement logique, la phrase « le soleil se lève » est absolument fausse. Au contraire, il est exact de dire que, le matin, la terre se tourne vers le soleil et que, le soir, elle s'en détourne. Il est aussi erroné, dans certaines circonstances, de prétendre que quelqu'un est grand uniquement parce qu'on le considère comme étant d'un aspect très imposant. En comparaison avec d'autres, il pourrait être petit. Ainsi, ce qui est décisif, ce n'est pas l'impression sensible empirique de la personne, mais seule l'idée que forme l'esprit de la relation et les conclusions logiques qui en découlent. En tant qu'instance opérant une comparaison logique, seule la raison c'est-à-dire le « Ratio » est en mesure de décider si quelqu'un apparaît comme grand ou petit, si le soleil se « lève » ou si la terre se tourne vers le soleil. C'est seulement parce que la raison utilise la logique de la pensée comparative ou causale que l'on peut faire des déclarations véridiques.

Les rationalistes voulaient expliquer le monde dans son entier uniquement avec des déductions logiques. C'est de cette manière qu' ils sont arrivés à des connaissances métaphysiques telles que l'existence de Dieu. Si, par exemple, le mouvement du monde ou de la Nature est une longue série de causes et de conséquences, alors, logiquement, il faut qu'il ait existé une toute première cause ou un tout premier mouvement qui ont tout démarré, mais qui n'ont pas dû eux-mêmes être poussés à démarrer et, donc, se trouvent en dehors de la chaîne naturelle de la causalité. De telles preuves de l'existence de Dieu n'avaient rien d'inhabituel pour les rationalistes. Aujourd'hui encore, Descartes mis à part, Spinoza, Leibniz et Wolff sont de célèbres représentants du rationalisme.

Toutefois, l'empirisme prétendait exactement le contraire. Ce n'est pas la pensée, mais l'expérience seule (donc la perception du monde par nos cinq sens) que les empiristes prétendaient être la seule source fiable de la vérité. Ces empiristes se sont nommés d'eux-mêmes d'après le mot latin « empiricus », ce qui signifie « ce qui découle de l'expérience ». Ils étaient fascinés par les sciences physiques et naturelles naissantes et par leurs expérimentations. Ils partageaient le sentiment du poète allemand Goethe : « Toute théorie est grise ». À sa place, il faut voir les choses de ses propres yeux et l'on doit toujours s'en tenir seulement à ce qui est concrètement perceptible. L'empiriste Bacon est même décédé lors de l'une de ses nombreuses expérimentations. Il voulait savoir combien de temps il était possible de conserver de la viande de poulet en la refroidissant et il est mort des suites de ses expérimentations.

Malgré tout, aux yeux des empiristes, cela lui a conféré une gloire plus grande encore. En effet, le leitmotiv de l'empirisme est le suivant : une connaissance de la Nature et de ses lois ne se dérive que de l'accumulation des expériences et des données sensorielles. Les empiristes se représentaient la raison sous forme de récipient qui est complètement vide à la naissance et se remplit au cours de l'existence de plus en plus d'images, de perceptions et d'expériences. Par exemple, l'enfant ne constate que le feu est très chaud que lorsqu'il se brûle les doigts ; il enregistre cette expérience douloureuse dans son entendement et à partir de là, il devient plus prudent. « Rien ne se trouve dans l'entendement qui ne soit passé auparavant par les sens », déclarait l'empiriste anglais John Locke. C'est la raison pour laquelle, pour les empiristes, le rationalisme (donc la réflexion sur Dieu, le bien, la justice et d'autres vérités intemporelles) est une chose purement spéculative, car l'expérience sensorielle manquait. Qu'il ne peut pas y avoir de vérités éternelles s'ensuit déjà du seul fait que de nouvelles impressions et expériences sensibles s'y ajoutent chaque jour. L'empirisme s'est particulièrement propagé en Angleterre. Mis à part Locke, ses principaux représentants furent Bacon, Hobbes, Berkeley et Hume, entre autres.

La solution géniale de Kant au problème de la connaissance

Qui donc avait raison ? Les rationalistes ou les empiristes ? Kant hésitait. Il était professeur de philosophie et, comme les rationalistes en fait, il s'intéressait à la métaphysique, c'est-à-dire à ce domaine de la connaissance qui se rapporte à « ce qui se trouve au-delà du domaine de la physique ». Il voulait examiner l'idée de la justice, de l'action correcte, l'idée de la liberté et de l'immortalité de l'âme. Les rationalistes procédaient par raisonnement spéculatif et contradictoire, ce qui dérangeait beaucoup Kant, tout autant que leurs soi-disant preuves de l'existence de Dieu. Pour cette raison, Kant était extrêmement dubitatif et qualifiait même les rationalistes de simples « dogmatiques » qui sortaient souvent de pseudo-preuves de leur chapeau :

Ce pourquoi, dès lors qu'on voit le dogmatique s'avancer avec dix preuves, on peut croire avec certitude qu'il n'en a véritablement aucune. [10]

À l'inverse, Kant ne supportait toutefois pas non plus l'empirisme. Certes, Kant vivait à une époque où la physique faisait grande sensation grâce aux travaux d'Isaac Newton et il voyait parfaitement les progrès que Newton, Copernic, Kepler et Galilée avaient faits grâce à la méthode empirique. Il savait aussi que l'observation empirique exacte des phénomènes naturels comme le mouvement des planètes étaient un gain pour la connaissance. D'un autre côté, il voyait que les physiciens couronnés de succès justement échafaudaient souvent leurs thèses de manière logique, rationalistes et parfois même de manière purement mathématique dans leur esprit et que ce n'était qu'après qu'ils les comparaient avec les évènements naturels observables. Ainsi, Kant s'est posé la question centrale de savoir si, comme le prétendaient les empiristes, la connaissance soit quelque chose qui passe toujours par l'impression sensible – c'est-à-dire toujours une connaissance (en latin) *aposteriori* – ou bien si, alternativement, comme le prétendaient les rationalistes, on peut accéder à des vérités par la pensée seule et sans aucune impression sensible, ou (en latin) *a priori* :

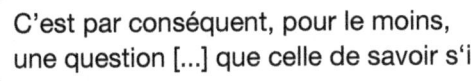

C'est par conséquent, pour le moins, une question [...] que celle de savoir s'il

> y a une telle connaissance, indépendante de l'expérience et même de toutes les impressions des sens. On nomme de semblables connaissances *a priori* et on les distingue des connaissances empiriques, lesquelles possèdent leur source *a posteriori*, c'est-à-dire dans l'expérience. [11]

De telles connaissances *a priori* de la raison qui sont déjà possibles avant toute expérience concrète, Kant les nomme les « pures » performances de la raison. C'est pour cette raison que son ouvrage principal s'intitule aussi la critique de la raison « pure », parce qu'à la fin, il veut naturellement savoir si, à l'aide du pur appareil de réflexion, à savoir sans aucune perception des sens, des connaissances peuvent être produites, ainsi que le prétendent les rationalistes.

Qui a donc raison ? Les rationalistes ou les empiristes ? La réponse de Kant est aussi simple que brillante. Kant dit tout simplement : Nous avons besoin des deux, d'une part la perception empirique par les sens *aposteriori* et, d'autre part, la capacité de notre entendement pour penser *a priori*, de classer par catégories et pour émettre des jugements. Si l'une ou l'autre des deux parties manque, on ne parvient à aucune connaissance. En effet, soit notre perception sensorielle reste alors aveugle et les impressions produites par nos sens ne peuvent pas continuer à être traitées, soit nos pensées restent vides et ne trouvent aucun point d'ancrage concret :

Sans sensibilité, nous ne disposerions pas d'objet et sans entendement, aucun objet ne pourrait être pensé. Les pensées sans contenu sont vides, mais les perceptions sans concept sont aveugles. [12]

Qui a compris cette phrase a, au fond, déjà compris toute la « Critique de la Raison Pure », car elle contient déjà le noyau de la grande découverte kantienne. Chaque connaissance scientifique, oui, chaque connaissance humaine en général doit, afin d'être considérée comme digne de foi et exacte, se tenir sur deux jambes, d'une part sur l'expérience sensorielle directe des yeux et des oreilles, d'autre part sur l'utilisation de concepts logiques provenant du système de pensée.

Voici un premier exemple facile de la nécessité de l'interaction de l'expérience sensorielle *aposteriori* et la pensée *a priori*.

L'expérience empirique seule est tout aussi insuffisante que la pensée pure. Imaginons un ancêtre des humains de l'âge de pierre qui peut tout juste marcher sur ses deux jambes, mais ne dispose pas encore d'un entendement développé. Il se trouve encore à une étape archaïque du développement humain, à la frontière entre l'animal et l'homme, ou même un petit peu avant. Il vit de manière purement instinctive conformément à ses impressions sensorielles, mais n'a pas encore formé de catégories logiques de l'entendement.

Si on le tirait de cette phase animale précoce et si on lui faisait voir comment une pâtissière prépare une crêpe à base de pâte levée, il aurait certainement de très gros problèmes à comprendre cette procédure. Sans réflexion logique de cause à effet, il n'aurait aucune chance de comprendre pourquoi des bactéries de levure qui ont été isolées auparavant et ensuite ajoutées à la pâte provoquent la fermentation de la pâte et son gonflement et pourquoi la flamme allumée du fourneau rend solide dans la poêle la pâte encore liquide, la réchauffe et la fait brunir et dégager un parfum. Il verrait certes la farine, le lait ajouté, la levure et la poêle et sentirait peut-être même l'odeur appétissante de la crêpe brunie, mais malgré ses nombreuses intuitions sensibles, il ne parviendrait probablement pas à la connaissance suivante : « On prépare ici une crêpe à base de pâte levée. »

En effet, toutes les perceptions des sens: la vue, l'odorat, le toucher, l'ouïe, n'apportent, en soi, selon Kant, aucune connaissance si elles ne sont associées à des concepts de l'entendement. Si nous ne pouvons pas en définir le concept, malgré nos diverses et nombreuses intuitions sensibles, nous restons en plein brouillard ou, comme le dit Kant lui-même :

[...] des intuitions sans concepts sont aveugles. [13]

Ce n'est que lorsque nous appliquons notre système de pensée à nos intuitions que nous pouvons former une connaissance à partir de ce que nous avons perçu par les sens. La véritable connaissance nécessite toujours les deux choses : d'une part les intuitions et, d'autre part, les concepts de l'entendement. S'il en manque une partie, alors nous ne parvenons à aucune connaissance.

Ainsi, inversement, nous serions complètement démunis, si nous disposions uniquement de la pensée de « crêpe à base de pâte levée », mais ne disposions pas de perception à ce sujet. Si, par exemple, on nous souffle dans l'oreille la pensée abstraite de « naleschniki », sous certaines conditions nous ne pouvons y relier aucune intuition sensible, qu'elle soit actuelle ou provienne de nos souvenirs. Le simple concept de « naleschniki » ne nous dit rien. Comme le dirait Kant, le concept, dans ce cas, resterait vide.

Les concepts sans contenu sont vides [...]. 14

La pensée centrale de Kant

Ce n'est qu'une fois que l'on nous dit que « naleschniki » est le mot polonais pour crêpe et que notre système de pensée relie la perception vécue par les sens avec une délicieuse préparation à base de farine, de cannelle et de sucre que le concept prend un sens. Pour cette raison, la connaissance est pour Kant un processus au cours duquel, comme il le dit lui-même, les « impressions sensorielles brutes » se relient au concept à l'aide de l'entendement. Chaque connaissance doit pour cette raison reposer sur deux appuis, la sensibilité et l'entendement. Le graphique suivant explique le concept de Kant concernant l'expérience humaine :

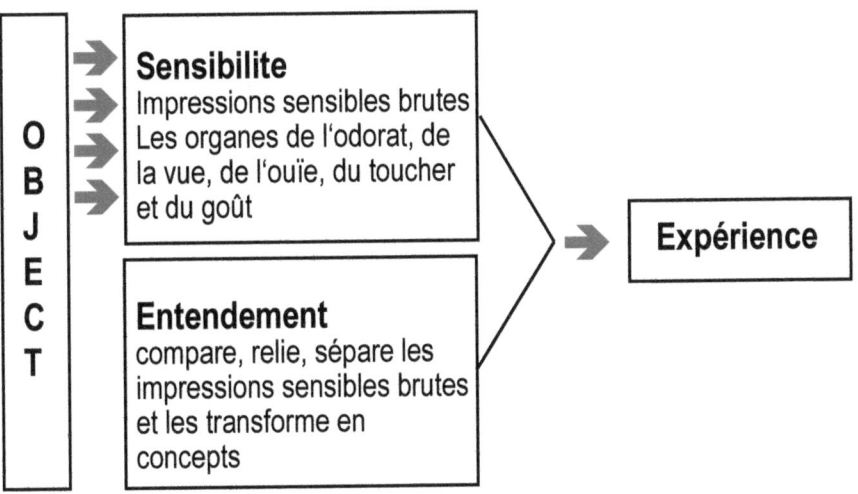

Dans sa « Critique de la raison pure », Kant décrit sur des centaines de pages comment ce double processus de connaissance fonctionne en détail. Il ne décrit pas seulement, il justifie pourquoi le système de connaissance ne peut absolument pas être pensé autrement. Il en va surtout pour lui de la condition de la possibilité de la connaissance humaine. Pour cette raison, Kant pose la question suivante : Comment notre système de pensée doit-il être conçu pour qu'une chose telle que la perception soit possible ? Il nomme cette méthode la philosophie transcendantale.

La pensée centrale de Kant

Espace et temps

Maintenant, cela devient passionnant. Kant nous monte alors de manière détaillée tout ce qui doit se produire en quelques fractions de seconde dans notre cerveau afin qu'au final, une chose telle que la connaissance devienne possible :

> Que toute notre connaissance commence avec l'expérience, il n'y a là absolument aucun doute ; car par quoi le pouvoir de connaître devrait-il être éveillé et mis en exercice, si cela ne se produisait pas par l'intermédiaire d'objets qui affectent nos sens et qui, pour une part, produisent d'eux-mêmes des représentations, tandis que, pour une autre part, ils mettent en mouvement l'activité de notre entendement pour comparer ces représentations, les relier ou les séparer, et élaborer ainsi la matière brute des impressions sensibles en une connaissance des objets, qui s'appelle expérience ? [15]

Ici, Kant dit trois choses importantes. D'une part, il répète encore une fois que chaque expérience part des objets qui entrent en contact avec nos sens, c'est-à-dire de l'expérience sensorielle :

> [...] par quoi le pouvoir de connaître devrait-il être éveillé et mis en exercice, si cela ne se produisait pas par l'intermédiaire d'objets qui affectent nos sens [...]. ¹⁶

Deuxièmement, il décrit très bien le travail de notre système de pensée comme une « activité de l'entendement » qui consiste (en « comparant, nouant des liens et faisant des différences ») à traiter la matière brute des impressions sensorielles et à les ordonner :

> [...] l'activité de notre entendement [...], pour comparer ces représentations, les relier ou les séparer [...]. ¹⁷

Troisièmement, à la fin, il apporte encore un complément important. Les « expériences », dit Kant, ne sont rien d'autre que de simples connaissances :

La pensée centrale de Kant

> [...] élaborer ainsi la matière brute des impressions sensibles en une connaissance des objets, qui s'appelle expérience ? [18]

Le processus de connaissance n'a donc pas seulement lieu dans les activités scientifiques, mais aussi très quotidiennement dans nos têtes. En effet, pendant presque chaque minute qui s'écoule, nous faisons des expériences, comme quand nous entendons le réveil le matin, sentons l'odeur du café, sortons du lit et, après le petit-déjeuner, cherchons fébrilement la clé de l'appartement afin de partir au travail. Même ces petites expériences quotidiennes sont des connaissances. Notre système de pensée ou, comme le dit Kant, notre capacité de connaissance est en effet actif à tout moment et forme continuellement à partir de la matière brute des perceptions des sens de petites connaissances en comparant, reliant ou séparant les impressions sensorielles. Ainsi, le bruit métallique et la sonnette matinaux sont comparés par l'entendement avec différents concepts séparés les uns des autres et finalement associés avec le concept de « réveille-matin ». De cette connaissance du concept, l'esprit tire la conséquence qu'il est temps de se lever.

Les autres « impressions sensibles brutes » sont aussi traitées à la vitesse de l'éclair par le système de pensée. S'il sent quelque chose, c'est probablement l'odeur du café bien chaud qui vient d'être préparé, il y a probablement donc déjà aussi quelqu'un dans la cuisine. J'entends un gazouillis et je relie ce bruit au concept d'« oiseau ». Les oiseaux sont plus bruyants que d'ordinaire. Je suis aveuglé par la blanche lumière et je reconnais au bout d'un moment que le rideau est entrouvert. Je relie le rayon lumineux au concept de « soleil ». Mais ce n'est pas tout : mon système de pensée continue de travailler et suit des liens de causalité : le ciel est probablement sans nuages pour que le soleil m'éblouisse de telle manière et que les oiseaux gazouillent avec tant d'exubérance. Si le temps ne change pas, il fera très chaud aujourd'hui, je vais donc ne mettre qu'un t-shirt et un pantalon court.

Que s'est-il produit à ce moment ? En une seconde, après mon réveil, mon système de pensée a attribué aux perceptions du son, de la lumière, de l'odeur et des bruits les quatre concepts de réveille-matin, soleil, café et oiseau, et en a formé ensuite, par déduction, l'ordre causal suivant : « matin tôt, oiseaux exubérants, soleil aveuglant, chaude journée, pantalon court ». Mais comment cela s'est-il produit exactement ? Quelles sont toutes ces choses qui pénètrent depuis l'extérieur dans le cerveau et comment y sont-elles traitées ensuite ? Comment, à partir de matériaux sensoriels bruts, des pensées simples puis, finalement, des connaissances scientifiques se forment-elles ?

Tout commence, d'après Kant, avec les matériaux sensoriels bruts. Tout d'abord, j'entends, je sens ou je vois quelque chose. Ici, Kant est encore d'accord avec les empiristes. Mais, au même moment exactement, il se produit une seconde chose que les empiristes n'ont absolument pas vue. Au moyen des matériaux sensoriels, je me retrouve à toute vitesse dans une grille spatio-temporelle (composée d'espace et de temps) et cette grille, je l'ai déjà auparavant, c'est-à-dire *a priori*, dans ma tête. Elle-même ne se trouve pas, comme le prétendraient les empiristes, dans le monde extérieur, mais elle se trouve déjà avant toute expérience dans mon système de pensée. En effet, dès que j'ouvre les yeux, j'utilise aussi déjà la grille toute prête. Sans merci, je contrains toutes les impressions sensorielles à rentrer dans un corset spatio-temporel. Je vois, par exemple, directement devant moi le réveil, éloignée d'un mètre de lui, la fenêtre, et encore dix centimètres avant, le rideau qui pend qui à son tour est ouvert de vingt centimètres et qui laisse passer un rayon de soleil. Je regroupe donc toutes ces choses depuis toujours dans des distances, des espacements et je constate qu'elles sont placées côte à côte, sous ou sur les autres :

> [...] et, de même, pour que je puisse me les représenter comme en dehors et à côté les unes des autres, par conséquent non seulement comme différentes, mais comme situées en des lieux différents, il faut qu'intervienne déjà, à la base, la représentation de l'espace. [19]

Tout aussi rapidement, mon système de pensée ordonne tout en ordre temporel. Tout d'abord, j'entends seulement que le réveil sonne et, ensuite, lorsqu'il a arrêté de sonner, j'entends le gazouillis des oiseaux. Presque en même temps que le gazouillis des oiseaux, je sens l'odeur du café et je ressens, quelques moments après encore les rayons du soleil sur mes yeux à moitié ouverts et qui clignent. Nous ne pouvons pas faire autrement, selon Kant, que d'ordonner les choses depuis toujours dans l'espace et dans le temps, parce que cette manière de percevoir est posée de manière incontournable dans notre système de pensée. Et, étant donné que le sens de l'espace et du temps est déjà *a priori* présent en nous dès le début avant toute expérience, il ne peut pas avoir été conçu *aposteriori* à partir de l'observation empirique, c'est-à-dire après coup. Cela signifie que l'espace en soi n'est rien que nous pourrions reconnaître avec les yeux du monde extérieur, mais qu'il est l'horizon de ce que nos pensées peuvent imaginer et sur lequel les choses du monde deviennent alors seulement visibles :

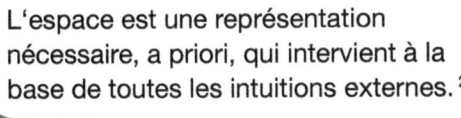

L'espace est une représentation nécessaire, a priori, qui intervient à la base de toutes les intuitions externes. [20]

Comme preuve de cette thèse, Kant propose simplement de faire la preuve du contraire et d'essayer de se représenter un quelconque objet sans extension spatiale et sans une place précise dans l'espace. C'est, selon Kant, absolument impossible. Je peux certes me représenter un seul livre sur une étagère, posé sur une table, dans une grande bibliothèque ou aussi flottant dans l'espace, mais il est malgré tout quand même toujours dans un quelconque espace. Je ne peux toutefois jamais éliminer de ma pensée l'espace en soi :

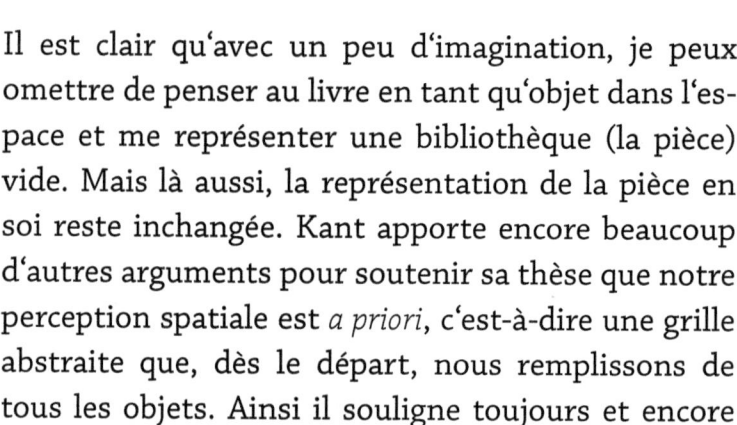

> On ne peut jamais construire une représentation selon laquelle il n'y aurait pas d'espace, bien que l'on puisse tout à fait penser qu'il ne s'y rencontre aucun objet. [21]

Il est clair qu'avec un peu d'imagination, je peux omettre de penser au livre en tant qu'objet dans l'espace et me représenter une bibliothèque (la pièce) vide. Mais là aussi, la représentation de la pièce en soi reste inchangée. Kant apporte encore beaucoup d'autres arguments pour soutenir sa thèse que notre perception spatiale est *a priori*, c'est-à-dire une grille abstraite que, dès le départ, nous remplissons de tous les objets. Ainsi il souligne toujours et encore que l'on ne peut trouver la grille spatiale qu'en soi uniquement, mais jamais dans le monde extérieur.

> L'espace n'est pas un concept empirique [...]. [22]

Par exemple, personne n'est capable, d'après Kant, de voir de manière empirique la globalité d'un espace dans lequel tous les autres espaces concrets sont contenus :

> [...] et quand on parle de plusieurs espaces, on entend par là que des parties d'un seul et même espace unique. En outre, ces parties ne peuvent précéder l'espace unique [...], mais au contraire est-ce seulement *en lui* qu'elles peuvent être pensées. [23]

Nous pouvons certes voir quelques espaces concrets de manière empirique, par exemple donc une pièce ou aussi toute une salle et même l'immense coupole d'une cathédrale, mais nous ne pourrons jamais ordonner l'espace dans lequel se trouvent toutes les cathédrales percevables et les espaces du monde et de l'univers. Notre perception de l'espace, dans lequel nous intégrons toutes les unités d'espace concrètes et les objets du monde extérieur, ne peut elle-même plus se trouver dans le monde extérieur. Donc, *a priori*, notre perception de l'espace en soi doit déjà se trouver en nous.

Exactement comme la perception de l'espace, d'après Kant, la perception du temps est indépendante des impressions sensibles concrètes et déjà intégrée dans notre système de pensée. Elle représente la condition pour que nous soyons capables d'ordonner les évènements dans un déroulement temporel comportant un avant et un après.

Le temps est une représentation nécessaire qui joue le rôle de fondement pour toutes les intuitions [...]. 24

Et de la même manière, comme nous ne pouvons jamais nous débarrasser de notre capacité d'imagination de l'espace, nous sommes aussi obligés de percevoir toutes les impressions de nos sens incrustées dans un contexte temporel. Ainsi, selon Kant, nous sommes dans l'incapacité de percevoir même pendant une seule et unique journée les impressions sensorielles au-delà du temps, de manière intemporelle, pour ainsi dire :

> [...] tous les objets des sens, sont dans le temps et se trouvent soumis de façon nécessaire à des rapports temporels. [25]

À cet endroit, Kant fait une petite, mais intéressante remarque en marge. Il indique que nous, les humains, restons prisonniers toute notre vie de nos formes d'observation de l'espace et du temps. C'est la raison pour laquelle nous ne pouvons jamais voir les objets tels qu'ils sont réellement en soi, mais toujours uniquement de la manière dont nous les percevons et recevons dans la grille de notre perception sensorielle spatio-temporelle. Kant formule cela de la manière suivante :

> Quant à ce qui pourrait être tenu pour une caractéristique des objets en eux-mêmes et abstraction faite de toute cette réceptivité de notre sensibilité, cela nous reste entièrement inconnu. [26]

Nous ne pouvons donc jamais accéder à la « chose en soi », c'est-à-dire à ce à quoi ressemble un objet sans notre grille de perception. Nous ne voyons donc toujours les objets que dans leur spatiotemporalité :

> Nous ne connaissons rien d'autre que notre manière de les percevoir, laquelle nous est propre et peut même ne pas appartenir nécessairement à tout être, bien qu'elle appartienne à tout homme. [27]

D'autres êtres, comme les abeilles, voient probablement les choses tout autrement. Ainsi, elles disposent d'une gamme de couleurs nettement plus importante que les êtres humains, d'une perception sensorielle beaucoup plus fine pour les sons métalliques et peuvent, par exemple, déterminer par la vue si du nectar se trouve sur le pistil d'une fleur. Mais, même les abeilles ne voient toujours la fleur que de la manière dont le leur permettent leurs formes de perception *a priori*. La fleur « en soi », telle qu'elle est probablement en réalité, reste dissimulée tant aux abeilles qu'aux hommes.

Mais finalement, cela ne joue aucun rôle pour la connaissance de l'être humain. Étant donné que tous les hommes sur terre disposent du même système de connaissance avec les mêmes formes de perception *a priori* de l'espace et du temps, nous partageons aussi une vue commune des choses et parvenons aux mêmes résultats. Ce chapitre important de la « Critique de la raison pure » relatif à l'espace et au temps, Kant l'a intitulé « L'esthétique transcendantale ». Esthétique vient du mot grec « aisthesis » qui signifie tout simplement « perception ». La raison pour laquelle Kant la nomme « esthétique transcendantale » est que, dans ce chapitre, il s'intéresse à la condition de la possibilité des impressions sensibles. Son résultat est absolument clair : la perception des stimulus sensoriels est possible grâce à notre capacité d'imagination *a priori* de l'espace et du temps. Seule cette grille *a priori* rend possible le fait que nous puissions percevoir les « impressions sensorielles brutes » dans un ordre local et temporel exactement défini.

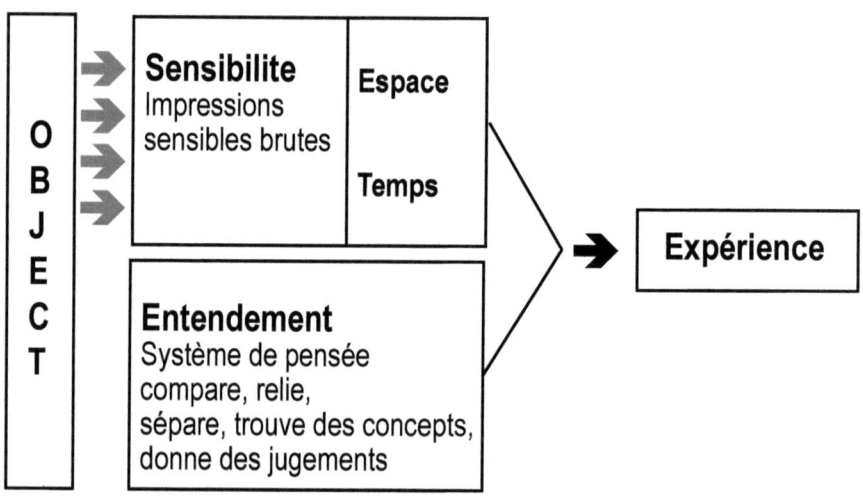

Les catégories

Au chapitre suivant, cela devient encore plus passionnant. Kant l'intitule « La logique transcendantale », du mot grec « logos » qui signifie à peu près la raison, l'entendement, la réflexion. En effet, il s'intéresse à la condition de la possibilité de la poursuite d'un traitement logique des impressions sensorielles spatiosensorielles. Maintenant intervient cette partie du système de pensée que Kant nomme l'entendement. Jusqu'à présent, nous avions seulement à faire à l'impression sensible qui, en principe, se déroule automatiquement étant donné que tout ce qui est perçu est pressé sans beaucoup d'effort dans une grille spatiotemporelle.

Mais maintenant, Kant pose la question de savoir ce qu'il advient par la suite des matériaux sensoriels bruts ordonnés par spatiotemporalité. L'appareil de pensée se met en marche et commence à travailler, car il doit maintenant traiter à la vitesse de l'éclair tout le matériel brut des impressions sensibles et l'évaluer. Les sens ont fait leur travail et ne peuvent désormais plus l'aider :

> On peut donc assurément dire avec justesse que les sens ne commettent pas d'erreur, non pas toutefois parce qu'ils jugent toujours de façon juste, mais parce qu'ils ne portent aucun jugement. [28]

Les sens n'émettent pas de jugement du tout, ils fournissent seulement le matériau brut, par exemple un bruit métallique, ensuite une odeur et, une fraction de seconde plus tard, la luminosité aveuglante et le gazouillis des oiseaux. C'est seulement l'entendement qui, ensuite, émet les jugements correspondants. Seul l'entendement peut et doit finalement juger s'il s'agit dans le cas du cliquetis bruyant d'un serpent à sonnette, d'un trousseau de clés ou d'un réveille-matin :

> La capacité de jugement en soi est l'aptitude à penser le particulier comme contenu dans le général ou générique. [29]

Dans notre exemple, le particulier, c'est-à-dire le cliquetis bruyant, est tout d'abord pensé aussi comme « contenu » dans le générique « comportement menaçant des serpents à sonnette » qui, en tant qu'espèce, sont en mesure de produire avec leur queue des bruits métalliques, ou en général une forme de bruit qui se produit lorsque du métal est au contact avec du métal comme dans le cas, par exemple, d'un trousseau de clés. L'entendement pourrait donc aussi juger qu'il s'agit d'un serpent à sonnette ou d'un trousseau de clés. Cependant, après que nous avons ouvert les yeux, au plus tard, et que nous voyons la forme particulière du réveille-matin, les chiffres et les aiguilles, l'entendement parvient à ordonner ces matériaux sous le générique « réveille-matin »

Mais comment de tels ordonnancements et jugements se produisent-ils dans le cerveau ? En fait, qu'est-ce que penser signifie ? Kant définit notre activité d'entendement comme une activité de « comparaison, mise en relation et séparation » des impressions sensibles. Mais comment l'entendement parvient-il à capter le chaos des impressions sensibles, à les comparer, relier ou séparer aussi rapidement ? Comment parvenons-nous à un jugement ? La réponse de Kant est simple et concise : c'est grâce aux catégories. Chaque être humain dispose d'exactement douze catégories différentes de raisonnement avec lesquelles il ordonne à toute vitesse l'ensemble du chaos produit par les impressions sensibles et parvient à produire quatre types différents de jugement :

> Si nous faisons abstraction de tout contenu d'un jugement en général et ne prêtons attention qu'à la simple forme d'entendement qui s'y trouve présente, nous trouvons

> que la fonction de la pensée dans ce jugement peut être placée sous quatre titres dont chacun soutient sous lui trois moments. Ils peuvent, avec raison, être présentés dans le tableau suivant. [30]

La fameuse table qui suit avec les quatre jugements et les douze catégories représente un cap important dans la théorie de la connaissance et provoque jusqu'à ce jour bien des discussions. Kant les a en partie repris d'Aristote et poursuit ainsi la longue tradition de la liste des possibilités logiques de la pensée humaine depuis l'Antiquité. Sous les titres des quatre formes de jugement, la quantité, la qualité, la relation et la modalité, il fait la liste méticuleuse des douze catégories :

1. De la quantité
Unité
Pluralité
Totalité

2. De la qualité
Réalité
Négation
Limitation

3. De la relation
Substance et subsistance
Causalité et dépendance
Communauté

4. De la modalité
Possibilité – Impossibilité
Existence – Non-existence
Nécessité – Contingence [31]

Avec cette table, Kant croyait avoir complètement saisi toutes les catégories et les formes de jugement par lesquelles, nous les humains, nous pensons chaque jour. Ces douze catégories et les quatre formes de jugement correspondantes sont donc les outils décisifs et uniques à l'aide desquels notre système de pensée dégage à partir des impressions sensibles brutes des connaissances précises.

> Tel est donc le relevé de tous les concepts originairement purs de la synthèse que l'entendement contient *a priori* en lui [...]. ³²

La traduction du mot « synthèse » signifie récapitulatif ou standardisation, et c'est aussi la tâche principale des catégories : permettre une synopsis des différentes impressions sensibles en les ordonnant en concepts. L'entendement se sert donc de catégories afin de parvenir, avec son l'aide, à un récapitulatif de toutes les impressions sensibles et ainsi de produire des jugements.

Nous aurions ainsi décrit en vérité le processus complet de la connaissance. Dans un autre chapitre, celui qu'il appelle de la « déduction transcendantale », Kant indique encore qu'un sujet pensant participe bien sûr toujours de tout le processus de la reconnaissance qui génère cette connaissance. Et ce sujet, l'être humain percevant et pensant donc, n'ordonne pas seulement les impressions sensibles à l'aide des catégories, mais se prend aussi toujours soi-même pour référence dans tous les processus de réflexion.

> Le : « *Je pense* », doit nécessairement *pouvoir* accompagner toutes mes représentations. [33]

Depuis le début, toutes mes intuitions et tous les jugements qui découlent des catégories se réfèrent toujours au « je pense » et sont donc mis en rapport avec moi et ma conscience de moi-même.

> Car les diverses représentations qui sont données dans une certaine intuition ne constitueraient pas toutes ensemble *mes* représentations [...] se conformer à la condition sous laquelle seulement elles *peuvent* se réunir dans une conscience générale de soi, étant donné que, sinon, elles ne m'appartiendraient pas complètement. [34]

Résumons : chaque connaissance se déroule en deux étapes. Tout d'abord, les impressions sensibles brutes, c'est-à-dire les bruits, les odeurs, les goûts et les images, sont perçues au moyen d'une grille spatio-temporelle *a priori* et classées selon un ordre spatial et temporel d'« ici et là », « avant et après ». Ensuite, lors d'une deuxième étape, les sensations spatio-temporelles brutes sont jugées à l'aide des catégories, sont rapportées au concept et reliées les unes aux autres, associées ou différenciées les unes des autres et, à cette occasion, tous les processus sont toujours en relation avec moi en tant que sujet pensant.

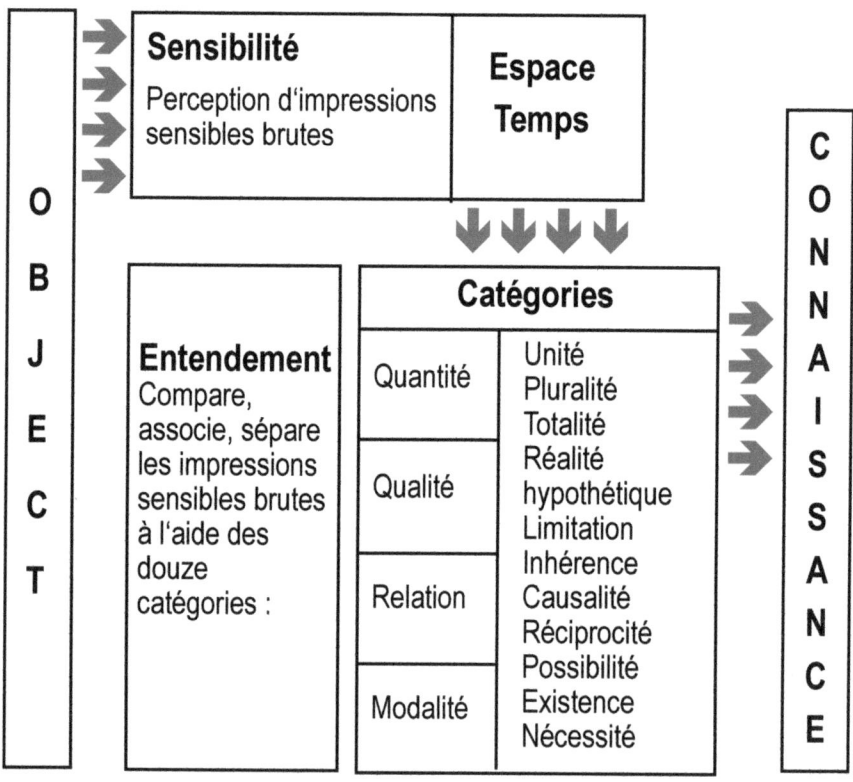

Catégories sur l'autoroute

Les fonctions effectives des catégories de notre système de pensée sont tout d'abord difficiles à comprendre. Kant lui-même n'en donne pas un seul exemple. Il excuse ceci par le fait qu'il ne voulait pas accroître encore le volume de son livre déjà très volumineux en donnant des exemples. C'est la raison pour laquelle, depuis toujours, des générations entières d'étudiants en philosophie se plaignent lorsqu'ils doivent expliquer la signification concrète des catégories pour la connaissance. La question se pose vraiment : Comment, à l'aide des douze catégories qui semblent contraignantes – à savoir : unité, pluralité, totalité, réalité, négation, limitation, substance et subsistance, causalité et dépendance, communauté, possibilité/impossibilité, existence/non-existence, nécessité/contingence – parviennent finalement à des jugements et des connaissances ? Comment faut-il comprendre, concrètement, ces quatre formes de jugement, quantité, qualité, relation et modalité qui sont associées à ces catégories ? Et comment fonctionne le processus de synthèse ?

Si Kant a raison, l'application des catégories est une composante nécessaire et fixe de notre capacité de connaissance et doit, par conséquent, fonctionner aussi à tout moment au quotidien de manière fiable et avec une grande évidence. L'application des catégories par notre entendement doit donc par la suite être démontrée par un exemple tiré d'une situation du quotidien. Plaçons-nous dans la situation suivante : Nous roulons sur l'autoroute sur la voie de gauche, à grande vitesse. Soudain, nous voyons un objet sur la chaussée, il est rouge foncé, mesure environ quarante centimètres et ses contours sont flous. Immédiatement, nous prenons peur et mille pensées traversent notre esprit. Qu'est-ce que cela peut bien être ? La chose est-elle dangereuse ? Quelles **quantité, qualité, relation** et **modalité** a-t-elle ? Comment devons-nous réagir ? Notre entendement travaille à toute vitesse. Avec la rapidité de l'éclair, nous soumettons l'objet à chacune de nos douze catégories afin de le juger et de réagir en conséquence.

Unité : En tant qu'unité, cette chose fait partie des objets rouge foncé.

Pluralité : De nombreux blocs de bois et de nombreuses caisses de bois sont rouge foncé. De nombreuses briques sont rouge foncé. Cela pourrait être un bloc de bois ou une brique.

Totalité : Tous les blocs de bois sont lourds et massifs. Toutes les briques sont lourdes et massives.

➡ Premier jugement : La **quantité** de l'objet est importante et dangereuse.

Réalité : La chose sur la route mesure environ 40 x 20 centimètres.

Négation : Il n'est pas possible de rouler comme cela sur la chose qui se trouve sur la route.

Limitation : La chose sur la route n'a pas lieu d'y être.

Deuxième jugement : La chose a la **qualité** d'un obstacle massif.

Substance et subsistance : La lourde substance de la chose lui est inhérente et la rend capable de casser le pare-brise.

Causalité et dépendance : Si je ne freine par maintenant ou si je ne l'évite pas, la brique ou le bloc de bois va avoir une conséquence dangereuse pour mon véhicule et pour moi.

Communauté - Interaction : Ma conduite rapide et la chose lourde ensemble produisent une encore plus forte violence du choc.

Troisième jugement : La **relation**, c'est-à-dire la corrélation entre la chose et la voiture et moi existe dans une large mesure et a des conséquences sur moi.

Possibilité – Impossibilité : Il est possible que l'objet soit projeté en l'air, me touche ou soit projeté en l'air et ne me touche pas. Il n'est toutefois pas impossible qu'il me touche.

Existence – Non-existence : Aucun doute, la chose est là, elle constitue un obstacle à ma route.

Nécessité – Contingence : Il est nécessaire de réagir à l'obstacle, de freiner ou de changer de voie et de ne pas laisser le hasard faire les choses.

➡ **Quatrième jugement :** Les **modalités** sont telles que je ne peux pas laisser faire le hasard.

La connaissance s'éclaircit de plus en plus, nous devons freiner brutalement ou éviter l'obstacle. Cependant, à peu de distance derrière nous et à côté de nous se trouvent d'autres voitures qui roulent vite. Pendant que nous hésitons encore à freiner brutalement, l'objet sur la route se rapproche à toute vitesse. Et, tout d'un coup, il se met à se déplacer de la gauche vers la droite. En quelques fractions de seconde, nous passons donc encore une fois en revue quatre des douze catégories concernant l'objet et nous retravaillons chacun des jugements à toute vitesse pour former une nouvelle connaissance.

Unité : La chose de 40 cm de long appartient en qualité d'unité aux objets rouge foncé qui bougent de gauche à droite.

Pluralité : De nombreux petits animaux sont rouge foncé. De nombreux petits animaux peuvent bouger. De nombreux lièvres, écureuils et renards sont rouge foncé.

Totalité : Tous les animaux ont un corps.

Causalité : Si le lièvre, l'écureuil ou le renard quittent la voie en temps voulu, je n'ai pas besoin de freiner.

C'est donc un animal ! Je ferme les yeux, je lève le pied et j'espère qu'il aura quitté la voie à temps. Mais quelque chose cloche. Des messages d'erreurs insistants arrivent des catégories : Tous les lièvres font des bonds ! Tous les renards et les écureuils sautent et possèdent une longue queue touffue. L'animal sur la voie est presque carré, ne bondit pas et n'a pas de queue. Tout va de travers, les propriétés typiques ne s'accordent tout simplement pas avec la chose se trouvant sur la route. Nous nous souvenons de Kant :

Attribuer une propriété à un objet s'appelle émettre un jugement. La

> chose en soi est le sujet, la propriété est le prédicat. [35]

La chose sur la route est donc le sujet, bondir est le prédicat ou la propriété. Mais la chose ne bondit pas, elle ne bouge pas du tout comme un animal. Les propriétés ou prédicats que je veux lui attribuer ne sont pas en accord avec le sujet. Mon jugement est-il faux ? Pendant que nous révisons à toute vitesse notre jugement, la chose se met soudain à s'envoler de la chaussée. Elle décolle et s'envole dans les airs, va et vient. Une troisième et dernière fois, sous une tension énorme, nous consultons nos catégories relatives aux nouvelles impressions sensibles.

Unité : La chose appartient en tant qu'unité aux objets rouge foncé, qui sont presque carrés, qui bougent de la gauche vers la droite et qui volent dans l'air.

Pluralité : De nombreux oiseaux sont rouge foncé. De nombreuses poches en papier sont rouge foncé.

Totalité : Tous les oiseaux peuvent s'envoler. Toutes les poches en papier peuvent tournoyer dans l'air.

Réalité : La chose volante mesure 40 centimètres et

est de forme carrée.

Négation : Aucun oiseau ne mesure 40 cm et n'est carré. La chose sur la route n'est pas un oiseau.

Limitation : Une poche en papier n'a rien à faire sur la route.

Causalité : Si une poche en papier est emportée par le vent, cela peut être la raison pour laquelle elle vole de-ci de-là au gré du vent.

Substance et subsistance : La poche en papier a pour caractéristique inhérente que sa substance comporte peu de masse et qu'en raison de sa légèreté, elle peut tournoyer dans l'air.

Possibilité – Impossibilité : Il est possible que la voiture attire la poche et que cette dernière se colle à la vitre et obstrue brièvement la vue. Il est cependant impossible qu'elle casse la vitre.

Nécessité – Contingence : Il n'est pas nécessaire de l'éviter ou de freiner brutalement. Il est peu probable que je l'attrape. Si, malgré tout, elle se plaque sur le pare-brise et m'obstrue la vue, je peux alors actionner les essuie-glaces.

Comme savoir cela est rassurant et merveilleux : ce n'est qu'une poche en papier qui virevolte dans le vent ! Résumons : En quelques fractions de seconde, nous sommes parvenus à trois connaissances différentes en appliquant plusieurs fois les catégories de Kant. Nous avons tout d'abord jugé l'objet comme étant un bloc de bois, une caisse en bois ou une brique, ensuite comme étant un animal qui court et, à la fin une inoffensive poche en papier. Au bout du compte, nous pouvons respirer, grâce à nos douze catégories qui ne nous pas laissés tomber, même en situation de stress.

Mais que sont maintenant ces catégories ? Comment sont conçus ces outils bizarres de l'entendement et, surtout, d'où viennent-ils ? Comment ont-ils été créés ? Est-ce que les hommes préhistoriques les utilisaient déjà ou est-ce que les catégories se sont formées au cours de l'évolution ? En tant qu'esprit minutieux qui pense tout jusqu'au bout, Kant pose aussi cette question. Mais, ce qui est surprenant, c'est qu'il nous dit maintenant que lui-même ne dispose pas de définitions précises de ces catégories et qu'il ne peut rien nous dire sur leur origine et leur formation.

> De donner des définitions à ces catégories, je m'exempte à dessein dans ce traité bien que je sois en mesure de les posséder. ³⁶

Même si nous ne savons pas d'où proviennent les catégories, nous savons toutefois grâce à Kant avec une certitude absolue qu'elles existent et qu'elles doivent exister. En effet, sans elles nous ne pourrions pas ordonner la matière brute des nombreuses odeurs et perceptions visuelles ainsi que des nombreux bruits qui nous parviennent quotidiennement, et former à partir d'eux des jugements et des connaissances. Observées du point de vue de la philosophie transcendantale, les catégories sont donc des concepts nécessaires de l'entendement, des outils donc purs du système de pensée qui nous permettent, tout d'abord, de placer un concept sur des mille et des milles intuitions sensibles :

> Toutes les intuitions sensibles sont soumises aux catégories comme constituant les conditions qui seules permettent d'en rassemble le divers dans une conscience. [37]

Concernant les catégories, Kant parle de purs concepts de l'entendement, étant donné qu'avant toute expérience empirique, elles doivent être posées en nous. La causalité, par exemple, n'est, comme les autres onze catégories, exactement pas reconnaissable en soi au moyen de l'objet percevable par les sens, mais est uniquement appliquée par notre entendement comme un cachet sur les intuitions. Ainsi, nous voyons la poche en papier voler dans les airs et nous entendons le vent souffler. Le fait, toutefois, que la poche virevolte de-ci de-là et qu'ainsi les deux éléments « vent » et « poche » soient liés dans une relation de cause à effet provient uniquement de la performance de notre entendement, qui a placé la catégorie de la « causalité » sur ces deux intuitions et les relie ainsi entre elles.

La connaissance en tant qu'interaction entre intuition et réflexion

La constatation que, dans le cas des catégories, il s'agit de purs concepts de l'entendement est tellement importante pour Kant parce qu'il explique aussi la possibilité de théories physiques. Les physiciens, d'après Kant, ne font en effet rien d'autre que d'utiliser les catégories abstraites *a priori* de notre entendement afin de former des théories complexes. Ils parviennent uniquement grâce à des réflexions de l'entendement à des énoncés qui enrichissent notre connaissance.

Mais enfin, est-ce que cela fonctionne ? Existe-t-il des jugements synthétiques *a priori* qui peuvent donc être émis au-delà des impressions sensorielles et avant toute expérience ? Kant répond tout d'abord « oui » à cette question, car, en effet, les physiciens peuvent, à l'aide seulement des catégories pures, établir des théories scientifiques et des modèles de pensée qu'ils ne transmettent que par la suite à la nature et qu'ils vérifient au moyen d'expérimentations et de mesures. La catégorie de la causalité, en particulier, joue à cette occasion un rôle primordial, du fait qu'elle est souvent utilisée comme hypothèse pour l'élaboration et la recherche de lois de la nature. Les physiciens cherchent en effet presque toujours à trouver dans la nature, lors de leurs recherches, des relations de cause à effet. Pour cela, l'idée de la causalité se situe tout d'abord dans la tête du physicien uniquement et est transposée ensuite dans la nature. Le physicien veut, par exemple, faire des recherches pour savoir si, à forte chaleur constante, il est possible de faire fondre divers objets à une vitesse différente. Il peut désormais, tout d'abord seul, élaborer dans son esprit une loi logique à l'aide des catégories abstraites de la substance, la causalité et les relations de cause à effet, selon laquelle on peut s'attendre à ce que les objets disposant d'une structure organique molle fondent éventuellement plus rapidement que les objets à forte densité et avec une structure inorganique solide. Il parvient donc tout d'abord tout seul au moyen des catégories *a priori* de la logique à ce principe supposé de légalité.

Ce n'est qu'ensuite qu'il chauffe à titre d'exemple de la graisse végétale, de la cire d'abeille, de l'étain et du fer, afin de vérifier sa loi et qu'il voit ensuite confirmée son hypothèse que les matières à forte densité ne fondent que plus tardivement. L'être humain est donc en premier lieu toujours lui-même le législateur de la nature et il vérifie ensuite les procédures qui vont dans son sens, dans la nature. Pour cette raison, Kant dit de manière provocante que notre connaissance ne s'oriente pas à partir des objets, mais qu'au contraire, l'objet s'oriente sur notre connaissance. Kant qualifie de révolution copernicienne sa découverte de l'activité catégorielle de notre système de pensée, durant laquelle nous jugeons la nature et les objets selon des lois logiques :

La pensée centrale de Kant

> Il en est ici comme avec les premières idées de Copernic lequel, comme il ne se sortait pas bien de l'explication des mouvements célestes, en admettant que toute l'armée des astres tournait autour du spectateur, tenta de voir s'il ne réussissait pas mieux en faisant tourner le spectateur et en laissant au contraire les astres immobiles. [38]

Tout comme Copernic a dû finir par convenir qu'en raison du préjugé de l'être humain qui prétend être immobile au centre de l'univers, le mouvement des étoiles a longtemps été mal évalué, nous aussi nous devons convenir du fait que nous butons encore et toujours sur des idées que nous nous faisons de la réalité qui ne correspondent pas forcément à cette dernière.

Peu importe que nous soyons physiciens ou ignorants, nous devons toujours être conscients du fait que c'est nous qui, à l'aide des catégories, élaborons une théorie et qui l'appliquons ensuite aux planètes ou au restant de la Nature et qui la vérifions de manière explicite. Vu ainsi, l'entendement *a priori* fournit certes une grosse quantité de travail préliminaire. Toutefois, chaque théorie doit (et cela représente l'exigence de Kant envers la science) toujours être prouvée par des observations empiriques, sinon elle ne parvient à aucune connaissance réelle. Il est certes possible, à l'aide des catégories d'élaborer des hypothèses bien posées par la réflexion, mais il faut aussi pouvoir ensuite les rendre explicites dans la réalité. Les jugements synthétiques *a priori*, c'est-à-dire des points de vue et des lois qui découlent artificiellement des catégories pures de l'entendement, sont certes possibles, mais ne représentent pas encore une connaissance certaine.

Chez Kant, la connaissance est toujours uniquement le résultat de l'interaction des impressions sensibles et de l'entendement. Si nous ne disposions seulement des impressions sensorielles, nous nous noierions dans le chaos des infiniment nombreux stimulus. Si nous ne disposions que de l'entendement qui ordonne et synthétise tout avec ses catégories, nous nous perdrions dans des spéculations abstraites :

La pensée centrale de Kant

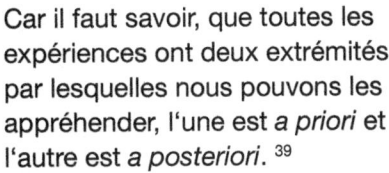

Car il faut savoir, que toutes les expériences ont deux extrémités par lesquelles nous pouvons les appréhender, l'une est *a priori* et l'autre est *a posteriori*. [39]

Ce qui s'applique à la physique s'applique aussi aux mathématiques. Grâce aux formes d'observation *a priori* de l'espace et du temps, le mathématicien peut produire toute une série de jugements synthétiques *a priori*. Par exemple, en se basant uniquement sur la capacité d'imagination de l'espace déjà présente *a priori* dans notre tête, il est possible de déclarer que la ligne droite est le lien le plus court entre deux points. Mais de tels jugements synthétiques en géométrie ne représentent pas non plus une véritable connaissance. D'après Kant, ils sont, comme finalement tout en mathématiques, uniquement exacts du point de vue de la forme et s'appliquent aussi uniquement sous cette forme :

> S'il peut y avoir des choses qui doivent nécessairement être intuitionnées selon cette forme, cela reste encore, toutefois, non décidé.

> Par conséquent, les concepts mathématiques, dans leur ensemble, ne sont, par eux-mêmes, pas des connaissances, [...]. ⁴⁰

Même si d'un point de vue mathématique, il est possible de calculer une boule comme étant le corps géométrique idéal, cela ne veut absolument pas dire qu'il existe effectivement un tel corps dans la nature ou que quelque chose exactement de cette forme puisse être observé et reconnu. Outre le jugement *a priori* de l'entendement, l'impression sensible fait aussi toujours partie de la connaissance.

Dans le troisième chapitre de la « Critique de la raison pure », la dialectique transcendantale, Kant décrit encore ensuite ce qu'il nomme les « antinomies ». Ce sont des contradictions insolubles dans lesquelles la raison s'embrouille lorsqu'elle veut forcer des connaissances à apparaître sans impressions sensibles :

La pensée centrale de Kant

> Ainsi la raison pure [...] ne contient-elle [...] que des principes régulateurs [...]. En revanche, si on comprend mal ces principes et qu'on les prend pour des principes constitutifs de connaissances transcendantales, ils produisent alors, à la faveur d'une apparence brillante, mais trompeuse, une conviction et un savoir imaginaires, lesquels suscitent à leur tour des contradictions et des querelles éternelles. [41]

En raison de ces contradictions, la raison doit finalement concéder qu'elle possède ses propres limites.

> Il est humiliant pour la raison humaine de ne parvenir à rien dans son usage pur [...]. [42]

La pure utilisation de la raison, sans aucune part d'expérience, comme elle se fait par exemple en théologie pour fournir des preuves de l'existence de Dieu, ne mène pas au savoir, mais seulement à une spéculation et est, là Kant ne laisse pas la place au doute, absolument dénuée de valeur :

> Je soutiens dès lors que toutes les tentatives d'un usage purement spéculatif de la raison en rapport à la théologie sont totalement stériles, et que, du fait de leur nature intrinsèque, ils sont nuls et non avenus. [43]

Ainsi, à la fin de la « Critique de la raison pure », Kant parvient à un résultat impitoyable. Il est le premier philosophe de l'histoire de l'Occident à prouver que Dieu échappe complètement à la capacité de connaissance humaine.

On ne saurait reconnaître Dieu

Dieu ne fait l'objet d'aucune intuition, car personne ne l'a jamais vu. Avec les possibilités de la raison qui reste dépendante des impressions sensibles, il n'est ni possible de reconnaître qu'il existe, ni qu'il n'existe pas. Par principe, son existence ne peut faire l'objet d'une expérience, ni ne peut être prouvée. Toutefois, l'Église ne s'exprime pas à ce sujet et le passe sous silence depuis des siècles pour le plus grand embarras de Kant. Elle exige même des croyants d'aimer Dieu comme on aime un être qui existe. Kant considère cela comme en demander déraisonnablement trop aux croyants :

Mais l'amour de Dieu est impossible comme inclination (amour pathologique) ; car il n'est pas un objet des sens. Un amour de ce genre est certes possible envers les hommes, mails il ne peut pas être commandé, car il n'est au pouvoir d'aucun homme d'aimer quelqu'un simplement par ordre. [44]

En tant que penseur rationnel, Kant ne voulait pas réciter à l'église des prières dans lesquelles il était question d'une « conception immaculée » et d'autres choses irrationnelles qui ne possédaient pas une intuition sensible et une logique interne compréhensible. Ainsi il évitait avec obstination d'aller à la messe et, en qualité de recteur de l'université aussi, il n'acceptait qu'exceptionnellement de se laisser convaincre de se rendre à l'église lors de cérémonies officielles. Il considérait aussi les rites religieux avec beaucoup de scepticisme :

> Dans la religion en général, se prosterner, être en adoration tête baissée, avec une attitude et une voix remplies de contrition et d'angoisse, cela semble être la seule contenance appropriée en présence de la divinité - celle par conséquent que la plupart des peuples ont adoptée [...]. 45

On ressent ici nettement l'influence de l'esprit des Lumières dans la pensée de Kant qui s'intéressait à l'affranchissement des hommes d'un état de soumission (au sens de mineur contre celui de majeur) dont il était lui-même responsable. Il souhaitait des citoyens loyaux, questionnant tout d'un esprit critique. Concernant la religion, le résultat de la « Critique de la raison pure » ne laisse place à aucun doute. Étant donné que chaque connaissance raisonnable dépend de l'interaction des intuitions sensibles, d'une part, et de catégories de l'entendement qui agissent *a priori*, d'autre part, il est possible de reconnaître ni Dieu, ni l'immortalité de l'âme, ni le bien et le mal.

Mais Kant a ainsi non seulement rendu impossible la théologie en tant que science, mais aussi la philosophie dans la mesure où elle s'intéresse à des thèmes métaphysiques. En fait, à ce moment-là, Kant aurait dû aussi terminer sa propre œuvre philosophique. Mais, étonnamment, il enfonce encore un clou. L'homme, d'après Kant, tend en effet, par nature, à devoir poser des questions auxquelles il ne peut absolument pas répondre par sa raison :

> La raison humaine a ce destin particulier [...] qu'elle est dérangée par des questions qu'elle ne peut rejeter, car elles lui sont posées par la nature de la raison elle-même, mais elle ne peut

> pas non plus y répondre, car elles dépassent toute la capacité d'entendement de la raison humaine. [46]

De telles questions ne sont pas seulement des questions relatives à Dieu ou à la vie après la mort, mais surtout relatives à la justice ou à l'existence du libre arbitre humain. Existe-t-il un libre arbitre ? Existe-t-il des lois justes ? Existe-t-il de bonnes actions d'un point de vue moral et en quoi consistent-elles ? Ici aussi, au sens de Kant, il n'existe en fait pas de réponse fiable du point de vue de la critique de la connaissance. En effet, il n'est pas possible d'appréhender d'un point de vue scientifique l'existence de la justice, de la morale, du bien et du mal, puisqu'ils ne représentent pas une intuition. Il n'est ni possible de sentir, ni de goûter à la substance de la « justice ». Puisque l'intuition sensible manque, il est impossible de parvenir, à l'aide de la raison théorique seule, à des connaissance dans ces royaumes éthiques.

Malgré tout, selon Kant, chaque société doit apporter une réponse à ces questions théoriquement insolubles dans un objectif pratique. Et en effet, ces questions ont aussi toujours trouvé d'une manière ou d'une autre une réponse. Depuis les temps les plus reculés, il existe par exemple des tabous, des règles, des coutumes, des traditions et des lois. La législation justement a des conséquences très directes et pratiques pour les citoyens d'un état. Cependant, Kant fait maintenant quelque chose de tout à fait inattendu. Après avoir démontré sur plus de mille pages dans la « Critique de la raison pure » que la raison n'est pas en mesure de reconnaître des idées et des idéaux invisibles, il dit maintenant que l'homme doit, malgré tout, s'occuper de ces questions. L'homme est obligé de chercher des orientations morales et éthiques, malgré le fait que la raison (Kant n'abandonne jamais cet acquis de la première « Critique ») ne peut parvenir à aucune connaissance exacte dans ce domaine.

Que dois-je faire ?
La critique de la raison pratique

C'est la raison pour laquelle Kant intitule sa deuxième grande œuvre la « Critique de la raison pratique ». Dans cette dernière, il examine s'il est possible de poser des principes dans un but pratique, principes qui sont nécessaires et bons pour la coexistence des êtres humains, même s'ils ne peuvent pas être prouvés du point de vue de la théorie de la connaissance. Il fait maintenant donc la différence entre la raison théorique et la raison pratique. La raison a en effet deux faces, ou l'on pourrait dire aussi deux fonctions, l'une se basant sur la théorie de la connaissance et l'autre sur une éthique pratique. La raison théorique demande toujours uniquement des connaissances certaines. La raison pratique, par contre, a pour mission de déduire des principes moraux ou même des lois qui, bien qu'ils ne puissent pas être prouvés, peuvent malgré tout prétendre à une validité inconditionnelle.

Sous le concept de raison pratique, Kant inclut tout ce qui doit être considéré comme nécessaire, même si cela se situe en deçà des limites de la raison pure.

La pensée centrale de Kant

Dans la « Critique de la raison pure » déjà, Kant prépare le départ vers le royaume de la raison pratique. Il fait en effet une différence terminologique qu'il conserve par la suite. Il fait la différence entre l'entendement et la raison. Par l'entendement, il désigne désormais uniquement les activités réglementées du système de pensée qui mènent à une connaissance certaine, c'est-à-dire l'application des catégories qui permet la synthèse et l'aboutissement à un jugement final. Par la raison, il désigne toutes les autres activités du système de pensée qui s'orientent vers des principes d'origine purement intellectuelle :

Nous avons défini l'entendement [...] comme le pouvoir des règles ; ici nous distinguons la raison de l'entendement en la nommant le pouvoir des principes. 47

La raison pratique doit donc, au-delà de la pure activité de l'entendement (qui ne s'occupe que des concepts et des jugements générés à travers les catégories), s'occuper plutôt des « principes ultimes ». À cette occasion, il s'agit pour Kant d'un principe éthique unique et à caractère obligatoire qui nous dit comment « bien agir » au sens moral. Mais enfin, est-ce que cela fonctionne ? Dans chaque situation, nous avons besoin de stratégies d'action malgré tout très différentes. Est-il possible qu'un principe unique existe qui est toujours applicable à tout le monde, à tout moment ?

La réponse de Kant est clairement « Oui ! » Dans ses deux ouvrages consacrés à l'éthique, la « Critique de la raison pratique » et les « Fondements de la métaphysique des mœurs », il développe en effet un concept éthique qui est applicable au-delà de toutes les situations et expériences concrètes. C'est un principe universel du « bien agir » qui est devenu célèbre dans le monde entier sous le nom d'« Impératif catégorique ». Kant l'a formulé de manière concise et brillante :

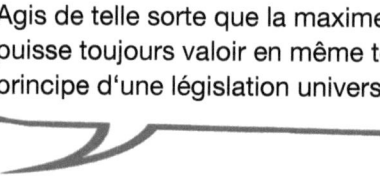

Agis de telle sorte que la maxime de ta volonté puisse toujours valoir en même temps comme principe d'une législation universelle. [48]

Kant nomme « maxime » ici le principe individuel en fonction duquel nous orientons notre action, c'est-à-dire le fondement de l'action. Une fois traduit, l'impératif catégorique signifie donc : Agis de telle sorte que le fondement de l'action de ta volonté soit à tout moment aussi le fondement de l'action de tous les autres êtres humains, et dit encore plus simplement : Agis de telle sorte que ta manière d'agir puisse devenir un modèle pour l'action de tous.

Avec l'impératif catégorique, ainsi le prétend Kant, il a créé un principe à caractère obligatoire et universel de l'orientation morale. Chaque individu peut l'utiliser dans n'importe quelle situation, à n'importe quel moment et en tout endroit. Peu importe à quel problème moral cet individu se trouve confronté, il est en mesure de s'aider lui-même. Il doit seulement réfléchir et se demander si lui-même considérerait comme souhaitable que tout le monde agisse comme il compte justement agir. L'impératif catégorique est ainsi valable dans le monde entier et applicable universellement. Mais Kant ne trouve pas cela encore suffisant :

> Une métaphysique des mœurs est donc absolument nécessaire [...] mais parce que les mœurs elles-mêmes restent souvent soumises à toutes sortes de corruptions, tant que ce fil conducteur et cette norme suprême, qui en permet l'exacte appréciation font défaut. [49]

Kant recherche donc une ligne directrice et une norme suprême à l'aide desquelles toutes les mœurs et les doctrines des mœurs peuvent être jugées. C'est une exigence énorme et, à première vue, tout simplement présomptueuse si l'on songe que, depuis l'Antiquité les philosophes réfléchissent sans cesse sur la manière de bien agir. Est-ce que l'impératif catégorique de Kant est en effet supérieur à tous les autres principes éthiques ? Et si oui, pourquoi en est-il ainsi ?

Afin de répondre à cette question, partons avec Kant à l'aventure dans une courte histoire criminelle et philosophique. Il existait et il n'existe en effet dans le monde entier que quatre concepts éthiques qui donnent des recommandations sur la manière dont l'être humain peut vivre et agir bien. Inconsciemment, nous la connaissons déjà, car nous agissons quotidiennement conformément à de telles maximes d'action : à savoir les maximes hédonistes, utilitaires, eudémonistes et légalistes. Kant les a toutes décrites et critiquées les unes après les autres et, à la fin, à leur place, il pose sa propre maxime éthique, la cinquième et celle qui est moralement supérieure.

Critique de l'hédonisme : Le principe de plaisir ne connaît aucune morale

L'une des orientations pratiques les plus anciennes est ce que l'on nomme l'hédonisme, qui provient du mot grec « hēdoné », ce qui signifie à peu près « plaisir ». Ainsi, l'hédonisme est la doctrine du plaisir. L'impératif d'action correspondant est simple, il dit : « Agis de telle sorte que tu parviennes par ton action au plus grand plaisir possible et qu'au contraire, tu évites le déplaisir ».

Cette pensée philosophique traditionnelle est très ancienne et remonte à Épicure. L'homme, dit Épicure, en tant qu'être possédant des sens éprouve des besoins tels que manger, boire, satisfaction des impulsions sexuelles, contact convivial, divertissement et bien d'autres choses encore. Ces besoins, il doit les satisfaire tout au long de son existence. À cette occasion, son sentiment de plaisir l'aide à prendre des décisions sûres et bonnes. En effet, s'il recherche toujours plus le plaisir et évite le déplaisir, il tient éloigné de lui ce qui lui est préjudiciable et mène une vie sensuelle, bien remplie et heureuse. Effectivement, aujourd'hui encore, deux mille cinq cents ans après Épicure, nous vivons encore dans de nombreux domaines selon le principe de plaisir et ceci en aucun cas pour le choix seulement de notre partenaire amoureux ou du pays où nous allons passer nos vacances ou le choix du repas au restaurant. Nous faisons même dépendre notre présence à des séminaires, à des spectacles de théâtre ou des séances de cinéma de notre « envie d'y aller ». Même le choix de la formation professionnelle et de notre spécialisation dans les études, et même notre engagement politique, se fait souvent pour des motifs hédonistes. Tandis que certaines personnes prennent plaisir à travailler pour des partis politiques dans une perspective de pouvoir et de responsabilité, d'autres ne s'occupent jamais de fédérations et organisations politiques parce qu'ils n'ont juste pas envie de le faire. Le plaisir est sans aucun doute une conseillère très présente dans notre existence. Mais est-elle une bonne conseillère ? Doit-on vraiment toujours chercher à obtenir du plaisir et éviter le déplaisir ?

Kant critique l'hédonisme en tant que principe éthique. Selon Kant, l'inconvénient de cette maxime se trouve déjà dans le fait qu'une telle orientation de l'action chez dix personnes peut conduire à dix résultats différents. En effet, chacun place une autre signification dans la notion d'obtention du plaisir.

Selon leur goût, les êtres humains vont trouver telle ou telle action bonne. Pour cette raison, chacun va agir autrement dans la même situation et, à chaque fois, revendiquer pour lui le fait d'avoir agi correctement et de manière moralement irréprochable. Une loi morale pratique doit cependant, nous dit Kant, objectivement être valable de la même manière pour tous et pouvoir être appliquée pareillement par tous. C'est la raison pour laquelle, d'après Kant, l'hédonisme en tant que principe éthique est inutilisable pour une société.

[...] un principe qui ne se fonde que sur la condition subjective de la réceptivité à un plaisir ou à une peine (qui ne peut jamais être connue que empiriquement et ne saurait être valable de la même manière pour tous les êtres raisonnables) [...] il en résulte qu'un tel principe ne peut jamais donner une loi pratique. 50

Un second et tout aussi important inconvénient de l'orientation hédoniste de l'action réside dans le fait que la poursuite du propre plaisir peut conduire à un déplaisir chez une autre personne. Étant donné que le principe éthique doit toutefois être obligatoire en même temps et de la même manière pour tous, il devient lui-même contradictoire en soi. Ainsi, un dictateur sadique qui éprouve l'envie de torturer ses sujets agit de manière subjectivement correcte étant donné qu'il accroît son plaisir, mais, objectivement, son action provoque chez de nombreuses autres personnes du déplaisir et même de la peine et de la douleur. Généralement, Kant considère le plaisir, ou comme il le dit, les inclinations, comme de mauvais conseillers en matière de morale. En effet, même dans un cas positif, si un dictateur veut du bien à son peuple et règne de manière positive d'un point de vue moral, cela serait absolument insuffisant d'après Kant :

> En un mot, la loi morale exige qu'on lui obéisse par devoir, non par une prédilection [...]. [51]

L'approche hédoniste en tant que principe éthique est en effet discutable du fait que le plaisir est souvent insuffisant pour la détermination de ce qui est bien d'un point de vue moral. Ainsi, Platon a déjà critiqué l'hédonisme au moyen d'un exemple tout simple. Lorsque quelqu'un ressent une forte démangeaison, le fait de se gratter est une expérience tout à fait tentante, toutefois ce n'est pas pour cela que ni se gratter, ni la démangeaison ont une qualité morale élevée.

Critique de l'utilitarisme : L'examen de l'utilité est dangereux

Le deuxième principe éthique est l'utilitarisme nommé d'après le mot latin « utilitas » qui signifie utilité en français. Selon ce courant de pensée éthique, l'être humain devrait orienter ses actions en fonction de considérations d'utilité. L'impératif d'action correspondant est le suivant : Agis de telle manière que, par ton action, tu atteins le but le plus utile possible.

Cet impératif est aussi très répandu dans notre société. En effet, nous réfléchissons quotidiennement s'il vaut mieux se déplacer à vélo ou en train, s'il vaut mieux acheter des chaussures chères, mais que nous utiliserons longtemps plutôt que de mauvaises chaussures à bas prix, s'il vaut mieux acheter une voiture ou la louer, se marier ou rester célibataire, déduire notre chambre à coucher de nos frais fiscaux en la faisant passer pour notre cabinet de travail ou y renoncer par honnêteté, prendre le métro sans ticket ou en acheter un. Nous passons notre temps à évaluer l'utilité de nos actions et des choses : qu'est-ce que cela va me coûter si je me fais prendre sans ticket dans le métro et combien cela me coûte si j'en achète un ? Dans nos sociétés capitalistes justement, cette liste des décisions utilitaires peut s'allonger indéfiniment. Les évaluations de l'utilité sont omniprésentes. Même lors d'élections démocratiques, les gens votent généralement en faveur du parti duquel ils attendent le plus grand avantage économique possible.

L'inconvénient d'une telle orientation des actions est évident : ce qui est utile ne doit pas automatiquement avoir une grande valeur morale. Il peut être utile d'aller d'une station de métro à l'autre et d'économiser le prix du ticket, mais d'un point de vue moral, ce n'est pas bon. L'utilité pour celui qui fraude, mesurée par sa valeur monétaire, est en même temps un dommage causé à la communauté. Ce qui est utile à l'un peut être dommageable pour l'autre. Il s'agit donc d'une éthique très égoïste, si tant est que l'on puisse parler d'éthique.

Toutefois, depuis le début, les utilitaristes étaient

conscients de cette faille dans leur principe éthique et c'est la raison pour laquelle ils n'ont plus exigé la maximisation de l'utilité pour chaque individu, mais à la place, pour le plus grand nombre possible de membres d'une société. Les deux philosophes anglais Hutchenson et Mill ont proclamé la parole utilitariste qui disait que toute action sociétale et politique devait avoir pour conséquence le bonheur et l'utilité « du plus grand nombre ». L'impératif utilitariste élargi dit depuis cette période : Agis de telle sorte que ton action conduise à la maximisation de l'utilité pour le plus grand nombre possible de gens qui auront à subir les conséquences de ton action.

Lorsque, par exemple, une personnalité politique prévoit la construction d'une station de métro, conformément à cet impératif utilitariste, il ne devrait pas la prévoir devant sa propre porte dans le but d'avoir lui-même le moins de chemin à faire à pied, mais là où elle puisse être utile au plus grand nombre possible de citoyens. Il ne peut bien sûr pas faire le bonheur de tous les citoyens, étant donné qu'il restera toujours une minorité qui continuera à devoir marcher plus loin jusqu'à la station de métro que la plupart des autres. Malgré tout, de l'avis des utilitaristes, ceci peut être justifié et dans de nombreux cas, absolument nécessaire. Ainsi, lors de la construction de stations d'épuration, des incinérateurs d'ordure dégageant des odeurs nauséabondes, ou des aéroports bruyants, il faudrait garantir ces infrastructures nécessaires même malgré les protestations d'une minorité. En politique justement, pour cette raison et dans l'objectif d'une maximisation de l'utilité pour le plus grand nombre, l'utilitarisme est censé être le meilleur principe moral.

Kant ne voit pas cela comme ça. Il critique aussi l'utilitarisme dans son noyau lorsqu'il fait remarquer que l'être humain, au-delà de toutes les évaluations de l'utilité, doit être considéré comme une « fin en soi ». Cela signifie que l'on ne doit jamais élever au rang de principe le fait qu'une minorité puisse être tout simplement ignorée dans le but d'obtenir une plus grande utilité pour la majorité.

L'être humain, et en général tout être raisonnable [...] existe comme fin en soi, et *non pas simplement comme moyen* pour l'usage que pourrait en faire, à son gré, telle ou telle volonté [...]. 52

Le travail obligatoire sous le régime nazi est un exemple qui nous avertit de ce qui se passe lorsque l'être humain est classifié comme simple moyen destiné à n'importe quel usage et astreint à la maximisation de l'utilité pour toute la société. Même les personnes âgées dans une société, qui ne sont plus en mesure de travailler ou qui sont handicapées, courent le risque, d'être qualifiés d'improductifs qui réduisent l'utilité du plus grand nombre et sont donc inutiles et une gêne. De telles réflexions ont été mises en application sous le régime nazi avec des conséquences épouvantables et ont conduit à un programme d'euthanasie pour les personnes handicapées.

Ces quelques exemples montrent déjà que l'utilitarisme en tant que principe moral général doit être rejeté. Il n'est pas seulement inapproprié, mais aussi extrêmement dangereux. Kant ne laisse aucun doute sur le fait que l'action morale doit toujours être une action visant le bien-être de toute l'humanité et qu'à cette occasion, l'individu ne doit jamais être considéré comme un simple moyen, mais comme une « fin en soi » avec sa propre dignité :

> L'être humain, et en général tout être raisonnable […] existe comme fin en soi, et *non pas simplement comme* moyen

> pour l'usage que pourrait en faire, à son gré, telle ou telle volonté [...]. 53

Critique de l'eudémonisme : La vertu seule ne suffit pas

L'un des plus anciens concepts éthiques est celui de l'eudémonisme qui provient du mot grec « eudaimonía » ce qui signifie béatitude. Ce principe remonte à Aristote et dit que l'être humain doit agir de telle manière que, par son action, il accède à la béatitude interne. Cette recommandation d'action ressemble tout d'abord à l'hédonisme d'Épicure qui, lui aussi, aspirait au bonheur de chacun. Mais, contrairement au bonheur des sens par la satisfaction des envies chez Épicure, Aristote s'intéresse à un état de bonheur mental durable à long terme.

L'eudémonisme est aussi beaucoup plus difficile à atteindre que l'hédonisme. Il nécessite en effet un dur travail sur soi-même pour atteindre la satisfaction interne et la béatitude. Afin de parvenir au bonheur et d'être en harmonie avec soi-même, l'être humain doit s'évertuer à déployer toutes ses vertus. Et ces vertus sont nombreuses. En outre, pour chacune de ces vertus, il faut tout d'abord trouver la juste mesure. Ainsi le courage en tant que vertu cardinale est un juste milieu entre la lâcheté et la témérité, la confiance en soi est un juste milieu entre la fierté et l'autodépréciation, la générosité est le juste milieu entre la prodigalité quasi pathologique et l'avarice. Mais aussi l'amitié et l'utilisation pour le bien-être commun font partie, pour Aristote, des vertus. Dans l'« Éthique à Nicomaque », Aristote écrit « Heureux soit celui qui agit toujours vertueusement ». Kant semble tout d'abord donner raison à Aristote sur le fait que l'épanouissement des vertus est très important :

> L'intelligence, la vivacité, la faculté de juger, tout comme les autres *talents* de l'esprit, de quelque façon qu'on les désigne, ou bien le courage, la résolution, la constance dans les desseins [...] sont sans doute, sous bien des rapports, des qualités bonnes et souhaitables [...]. [54]

Ainsi un être humain normalement constitué avec son entendement, sa détermination et son courage peut faire de nombreuses bonnes actions et même faire preuve d'une conduite héroïque pour le bien d'autres êtres humains. S'il le fait, il a déployé ses vertus pour le bien de tous. Kant lance cependant un avertissement, car ceci n'est malheureusement que l'une des nombreuses possibilités d'épanouissement de nos vertus :

L'intelligence, la vivacité, la faculté de juger, tout comme les autres *talents* de l'esprit, de quelque façon qu'on les désigne, ou bien le courage, la résolution, la constance dans les desseins [...] sont sans doute, sous bien des rapports, des qualités bonnes et souhaitables [...]. 55

À Aristote, Kant oppose la thèse provocante que les vertus, même si elles existent, ne sont pas une garantie pour de bonnes actions. Elles n'ont en soi encore aucune qualité morale et sont même équivoques. Par exemple, des vertus comme le courage ou un entendement froidement calculateur peuvent, si elles ne sont pas utilisées par des fonctionnaires de police, mais par un cambrioleur de banque ayant beaucoup de sang-froid, être même préjudiciables au bien de la société :

> Car, sans les principes d'une volonté bonne, elles peuvent devenir extrêmement mauvaises, et le sang-froid d'un vaurien le rend, non seulement bien plus dangereux, mais aussi immédiatement, à nos yeux, plus abominable encore que nous ne l'eussions estimé sans cela. [56]

Kant ne critique toutefois pas seulement le déploiement des vertus comme étant une condition préalable insuffisante pour un principe moral universel ; il considère l'eudémonisme en général avec beaucoup de scepticisme. En effet, l'objectif de l'eudémonisme est la béatitude individuelle, c'est-à-dire une satisfaction interne de soi-même, que l'on peut atteindre par des actions résolument vertueuses. Kant considère cet état de béatitude comme étant très instable/

précaire, car la tentation de tomber dans l'excès de courage, justement quand on parvient à la célébrité et aux honneurs en raison de ses vertus :

> [...] la considération, même la santé et le bien-être, le contentement complet de son état (ce qu'on entend par le terme de *bonheur*), donnent du cœur à celui qui les possède et ainsi, bien souvent, engendrent aussi de l'outrecuidance quand il n'y a pas de volonté bonne qui redresse l'influence exercée sur l'âme par ces bienfaits, ainsi que, de ce fait, tout le principe de action, pour orienter vers des fins universelles [...]. [57]

Les personnes douées qui disposent de plusieurs vertus ont tendance, d'après Kant, à présenter une arrogance vis-à-vis d'autres personnes moins douées. À l'inverse, les êtres humains qui n'ont pas été dotés par la nature d'un grand entendement, qui ont moins de courage et peu d'autres vertus, peuvent malgré tout agir de manière moralement bien, même si leurs capacités sont extrêmement réduites. Selon Kant, ce

La pensée centrale de Kant

qui est décisif, c'est uniquement leur bonne volonté. C'est pourquoi il écrit avec insistance :

> Quand bien même, par une défaveur particulière du destin ou par l'avare dotation d'une nature marâtre, la capacité de réaliser ce qu'elle vise ferait totalement

> défaut à cette volonté ; quand bien même, en dépit de l'extrême application qu'elle y met, elle n'aboutirait à rien et il ne resterait que la volonté bonne [...], néanmoins brillerait-elle par elle-même comme un joyau, comme quelque chose qui a en soi-même sa pleine valeur. [58]

Pour Kant, ce n'est donc finalement que la bonne volonté qui compte, car elle seule décide si les vertus d'Aristote sont utilisées dans le bon sens. Mais comment, selon Kant, cette bonne volonté doit-elle être déterminée ? À partir de quand, une bonne volonté est-elle bonne ? À quoi pouvons-nous la mesurer ? Est-elle peut-être alors bonne, lorsque nous respectons volontairement les lois ?

Critique du légalisme : Les lois peuvent être injustes

Le quatrième grand principe éthique est le légalisme, nommé d'après le mot latin « legalis » qui signifie en français « légalement » ou « autorisé par la loi ». Selon ce principe, toute action qui est en accord avec la loi est légale. Le légalisme en tant que principe éthique exige de l'homme qu'il respecte dans tous les cas les lois en vigueur et qu'il évite d'y contrevenir. L'impératif du légalisme est donc le suivant : Agis de telle sorte que tes actions soient toujours conformes à la loi.

Par cela, le légalisme n'entend pas seulement les lois de l'État, mais aussi celles de la religion. Par exemple, un chrétien qui respecte les Dix Commandements respecte aussi une éthique légaliste des commandements. Dans les sociétés modernes, le légalisme est sans aucun doute devenu une base importante de l'orientation morale. Les enfants, déjà, apprennent ce qui est permis et ce qui est interdit et quelles sont les règles et les lois qu'ils doivent respecter. Ce n'est que parce que depuis notre enfance, nous nous vouons au légalisme au quotidien et que nous agissons conformément aux lois que notre société fonctionne. Si, par exemple, nous ne respections pas volontairement la règle « Tu ne voleras pas », aucun magasin ne pourrait plus proposer et vendre ses marchandises. La proportion d'élucidation des vols, des escroqueries et des meurtres serait bien trop basse. Si un peuple entier abandonnait son propre engagement moral à l'honnêteté et au respect de la propriété et ne payait que lorsqu'il serait en danger d'être reconnu comme voleur ou escroc, la société sombrerait dans le chaos.

Le légalisme est donc un principe moral important. Kant le considère aussi comme tel. Toutefois, il considère le légalisme en tant que loi pratique supérieure comme inapproprié. Le légalisme, de l'avis de Kant, est seulement une éthique des commandements hétéronomes. Le mot grec « heteros » signifie étranger et « nomos » la loi. Cela signifie qu'en tant que légalistes, nous suivons une éthique de commandements qui nous vient de l'extérieur et qui nous a été prescrite comme loi par une autorité au-dehors de nous, que ce soit par la Bible, le Coran, le Talmud ou les livres de lois des gouvernements nationaux et internationaux. Le grand inconvénient du légalisme est évident : La qualité d'une éthique hétéronome des commandements et des lois n'est bonne que si la qualité de ses propres lois l'est aussi. Si les lois sont mauvaises, les actions qui en découlent le sont obligatoirement aussi. Un exemple drastique de ceci est l'exécution de civils qui a eu lieu lors de la seconde guerre mondiale sur les ordres d'officiers supérieurs. Les soldats accusés de crime de guerre tentent généralement de se défendre de manière légaliste. Ils se disaient n'être pas coupables des atrocités commises, car ils n'auraient fait que leur devoir en exécutant des ordres, des directives de service et des lois en vigueur à l'époque.

Les croisades, elles aussi, ont été légalisées au Moyen-Âge par des citations de la Bible. Et aujourd'hui encore, des chrétiens croyants refusent qu'on leur fasse des transfusions sanguines qui pourraient leur sauver la vie d'un point de vue médical parce qu'ils appliquent le commandement biblique mentionné au chapitre 15:20 des Actes des Apôtres, dans lequel il est écrit que l'on doit éviter la souillure par la luxure et le sang étranger.

C'est la raison pour laquelle Kant nous met en garde et nous déconseille de faire confiance aux commandements et aux lois exclusivement. Même lorsque le commandement de la Bible comme dans ce dernier cas provient de Dieu soi-même ou de ses prophètes et évangélisateurs, de l'avis de Kant, nous ne devons pas l'exécuter tout simplement et nous soumettre au légalisme :

La pensée centrale de Kant

> Aussi loin que la raison pratique ait le droit de nous conduire, nous ne tiendrons pas nos actions comme obligatoires parce qu'elles sont des commandements de Dieu, mais les considérerons comme des commandements divins parce que nous y sommes intérieurement obligés. [59]

Nous devons décider nous-mêmes à quels commandements toutefois nous nous engageons intérieurement. Kant se méfie donc du légalisme en tant qu'éthique hétéronome des commandements, puisqu'ils viennent de l'extérieur et soumettent l'être humain à une décision étrangère. Il est certes judicieux de respecter les lois en vigueur, cependant nous devons aussi toujours vérifier la qualité des lois en fonction d'une loi morale supérieure interne. Une telle loi morale supérieure qui nous permet de décider du bien et du mal ne doit pas nous venir de l'extérieur, mais nous devons la créer nous-mêmes, de manière autonome. Est-ce possible ? Pouvons-nous juger de notre propre fait et sans aide de ce qui est moralement bon ? Oui, nous le pouvons. Et c'est peut-être là le message le plus radical de la philosophie kantienne.

L'impératif catégorique : la seule véritable loi morale

Il existe effectivement une possibilité de décider entièrement seule avec une certitude complète de ce qui est bien et de ce qui est mal. Pour cela, nous n'avons pas besoin de dix commandements, d'aucun livre de loi, d'aucune évaluation de l'utilité, d'aucune sensation de plaisir ou de déplaisir et pas besoin non plus du catalogue des vertus d'Aristote. Chacun peut en fait trouver en soi la mesure de ce qui est bien et ce qui est mal. Il doit seulement respecter cette simple recommandation qui est entre-temps devenue célèbre dans le monde entier : l'impératif catégorique :

Agis de telle sorte que la maxime de ta volonté puisse toujours valoir en même temps comme principe d'une législation universelle. [60]

Depuis le début, Kant a recherché une loi morale valable *a priori* à la différence des concepts moraux habituels de ses prédécesseurs, c'est-à-dire libre de toute expérience concrète.

> Chacun doit reconnaître que, si une loi doit avoir une valeur morale [...], il lui faut contenir en elle une absolue nécessité ; [...] que par conséquent, le fondement de l'obligation ne doit pas ici être cherché dans la nature de l'homme, [...], mais *a priori* uniquement dans les concepts de la raison pure. [61]

La raison du caractère obligatoire d'une loi morale ne doit donc pas être tirée de l'expérience, mais doit provenir *a priori* de la raison pure. Kant explique ceci à l'aide de l'exemple de la loi morale « Tu ne mentiras pas ». Si je motivais cette loi par le fait que j'ai fait de mauvaises expériences avec d'autres personnes en mentant et que j'ai beaucoup avancé à l'aide de l'honnêteté, ce serait extrêmement risqué. Effectivement, dès que je fais des expériences négatives avec mon honnêteté et si je parviens à la conclusion que « la personne honnête est toujours le dindon de la farce », la loi morale perd son caractère obligatoire. C'est pourquoi une motivation solide pour une loi morale doit être indépendante des expériences concrètes des êtres humains.

Kant en déduit maintenant, en raison de cette réflexion, que la loi morale supérieure ne peut être déduite ni de l'expérience ni des lois déjà existantes. En effet, les livres de loi et les écritures saintes portent en eux des valeurs d'expérience et ne sont, par conséquent, pas valables *a priori* avant toute expérience.

Kant s'est ensuite posé la question décisive qui l'a conduit directement à l'impératif catégorique : Quelle apparence doit avoir une loi morale qui possède une validité absolue pour tous les êtres humains, et qui doit être respectée de la même manière par ces derniers et ne provient pas d'une source externe ?

La réponse était évidente : Elle doit venir de l'intérieur ! Ce doit être une loi morale que l'homme s'impose à lui-même, c'est à dire une sorte d'auto-engagement de la raison, qui s'engage à agir de telle manière que ses propres actions correspondent à un principe moral qui, en même temps, ait aussi une validité pour tous les autres et qui puisse être suivi par tous les autres. La solution se trouvait déjà dans cette question. Kant y était parvenu. Il ne devait plus que changer la formulation de sa propre question en une réponse et en tirer un impératif : Tu dois, de ta propre volonté, agir d'une telle manière que ton principe d'action puisse être élevé au rang de loi pour tous les autres, ou dans le texte original :

> Agis de telle sorte que la maxime de ta volonté puisse toujours valoir en même temps comme principe d'une législation universelle. [62]

Pourquoi Kant désigne-t-il cette recommandation d'action comme un impératif catégorique ? Le mot « impératif » n'aurait-il pas déjà suffi ? Impératif veut dire ordre et signifie seulement et tout simplement la forme grammaticale pour donner un ordre, c'est-à-dire concrètement la forme de phrase suivante : Agis de telle sorte que... ! Mais que signifie le mot « catégorique » ? Kant voulait de cette manière se différencier nettement des utilitaristes qui n'ont généralement réussi qu'à réaliser des impératifs « hypothétiques ».

La phrase impérative « Arrête immédiatement de fumer si tu veux vivre longtemps et rester en bonne santé ! » en est un bon exemple. Il s'agit là d'un impératif « hypothétique » ou conditionnel qui n'est valable qu'à la condition que nous voulions en effet rester en bonne santé et vivre longtemps. L'impératif de Kant, par contre, et il y accorde beaucoup d'importance, est valable partout et à tout moment sans condition préalable. Il est « catégorique ».

La loi morale est, pour cette raison, [...] un *impératif* qui ordonne catégoriquement, parce que la loi est inconditionnée. [63]

Par cela, il dit aussi que la loi morale, par son exigence, ne tolère pas de contingences humaines. Dans le cas d'une action morale, par exemple, l'envie, l'aversion ou même la peur que l'on peut ressentir, ne doivent aucunement influencer notre action. Ainsi Kant dit :

La pensée centrale de Kant

En un mot, la loi morale exige qu'on lui obéisse par devoir, non par une prédilection qu'on ne peut et qu'on ne doit pas du tout présupposer. [64]

Là Kant se dresse encore une fois résolument contre l'hédonisme et l'utilitarisme. La personne qui agit par préférence parce qu'elle en espère un gain de plaisir ou d'utilité n'agit pas vraiment de façon morale. Lorsque, par exemple, un être humain tombe dans l'eau et appelle à l'aide, le fait que l'eau soit froide ou que l'on a peur de se noyer soi-même ne doit jouer aucun rôle. Sous certaines conditions, l'hédoniste déciderait en fonction de tels sentiments de plaisir ou d'absence de plaisir. L'utilitariste se demanderait vraisemblablement s'il pourrait recevoir une récompense pour un éventuel sauvetage. Il ferait dépendre son aide de son propre calcul de l'utilité et du risque. Le légaliste sauterait peut-être même dans l'eau ou irait chercher de l'aide, mais seulement parce qu'il sait que, en vertu de la loi, on pourrait le traîner en justice pour « non-assistance à personne en danger » et qu'il doit se comporter conformément à la loi. Il est cependant aussi possible que, pour la même raison, il se comportera comme s'il n'avait rien vu et qu'il suivra son chemin sans intervenir. Dans la mesure où les vertus de courage, de bravoure et d'engagement pour le bien de la communauté sont bien développées en lui, l'eudémoniste, en tant qu'être humain vertueux, ferait très vraisemblablement une tentative pour le sauver. Espérons pourtant pour la personne qui est en train de se noyer qu'il n'est pas doté d'autres vertus telles que la rhétorique et la prudence.

Mais la personne qui est en train de se noyer ne peut se réjouir d'une aide à cent pour cent fiable que si elle a la chance qu'un kantien passe justement à ce moment-là. Ce dernier n'hésite pas une seconde, il saute dans l'eau et sauve la personne qui se noie de manière catégorique, c'est-à-dire inconditionnellement. Et si la personne qu'il a sauvée demande au kantien pourquoi il a risqué sa propre vie pour le sauver, ce dernier répondra : « C'était mon devoir ». Effectivement, l'impératif catégorique est le seul et unique principe permettant dans cette situation une tentative de sauvetage immédiate, étant donné que nous pouvons vouloir de cette maxime d'action uniquement qu'elle soit élevée au rang de loi générale, selon laquelle toute personne voyant quelqu'un en train de se noyer doit le sauver immédiatement, indépendamment de tout plaisir ou déplaisir, peur ou évaluation de l'utilité.

Devoir et autonomie de la volonté

Le seul motif que Kant accepte comme valable pour une action vraiment morale est donc le fait de remplir un devoir. Et ce devoir réside dans la soumission par soi-même de la volonté autonome à l'impératif catégorique. Kant fait presque preuve d'enthousiasme pour le mot « devoir », ce qui est rare chez lui :

Devoir ! Ô grand nom sublime [...], mais qui exiges de la soumission, [...] ; quelle est l'origine qui est digne de toi, et où trouve-t-on la racine de ta noble lignée, qui rejette fièrement toute parenté avec les inclinations, le fait de provenir de cette racine étant la condition indispensable de cette valeur que les hommes ne peuvent se donner qu'eux-mêmes ? [65]

Kant, enthousiasmé, pose ici la question de l'origine du devoir. Devoir ne signifie en effet rien d'autre que de *devoir* ceci ou cela. Ainsi, non seulement tous les commandements religieux commencent par les mots « Tu dois ! », mais l'impératif catégorique et toutes les autres recommandations d'action morales le font aussi. Kant est fasciné au plus haut point par le fait que les humains soient capables d'édicter leurs lois morales. En effet, l'origine énigmatique du devoir ne peut se trouver ni dans la Nature ni dans le physique (au sens du domaine des corps), elle doit être métaphysique. L'être humain, c'est ce que suppose Kant, a pour cette raison un statut particulier au sein de la Nature.

> Le *devoir* exprime une sorte de nécessité et de liaison avec des fondements qui ne se présente nulle part ailleurs dans la nature. [66]

Effectivement, le devoir n'existe pas dans la Nature extérieure. Cela n'aurait aucun sens de dire que le fleuve doit couler en remontant la montagne, que la fleur ne doit pas éclore ou que le lion ne doit pas manger l'antilope. Dans la Nature règnent les lois de la Nature. L'un est la condition de l'autre. L'homme cependant peut, en raison de l'autonomie de sa volonté, agir spontanément selon ses propres idées et principes :

Toute chose de la nature agit selon des lois. Seul un être doué de raison a la capacité d'agir selon [...] des principes ou d'une volonté. [67]

Certes, en qualité de mammifère supérieur, l'être humain a des tendances et des instincts naturels comme la faim, la soif et d'autres encore. Il est aussi sensible à des stimulus sensoriels qui influent sur son « vouloir », mais il a toujours la possibilité de se propulser hors de la Nature et de se décider en faveur du « devoir ».

> Il peut exister nombre de motifs naturels qui me poussent au *Vouloir* et nombre de stimulus sensoriels, mais ils ne peuvent pas susciter le *Devoir* […]. [68]

Le fait même que l'être humain puisse « devoir » faire quelque chose, qu'il puisse suivre l'impératif catégorique, suppose, comme condition préalable, qu'il dispose de la volonté autonome de se décider en faveur ou contre quelque chose. Il doit être substantiellement libre ; sinon, toutes les phrases qui commencent par « tu dois » n'auraient absolument aucun sens du fait que nous ne serions pas libres, que nous n'aurions pas le choix. L'autonomie de la volonté – le « libre arbitre » – de l'être humain est donc une condition transcendantale nécessaire pour une action morale. Il n'est pas possible, selon Kant, de prouver l'autonomie de la volonté, puisqu'elle ne peut pas être reconnue en raison du manque d'intuition de la raison théorique. Dans un but pratique, nous devons toutefois admettre qu'elle existe. C'est ici qu'apparaît clairement la différence et l'interaction entre la raison théorique et la raison pratique. Dans une perspective de la théorie de la connaissance, l'autonomie de la volonté ne peut pas être prouvée à partir de la raison théorique, dans une perspective pratique, par contre, il est absolument nécessaire de la poser en condition préalable existante de l'action morale. Il s'agit, bien entendu, d'une seule et même raison, qui ne prend deux points de départ différents qu'afin de pouvoir faire des observations pertinentes sur les deux domaines de connaissance concernés ici.

En ce qui concerne l'autonomie de la volonté, pour Kant il n'existe donc aucun doute. L'homme est libre de vouloir le bien et de se décider en faveur du bien. La loi morale supérieure et l'idéal de l'action morale parfaite sont, par conséquent, l'engagement autonome de la volonté délibérée en réponse à l'impératif catégorique :

> Il n'y a nulle part quoi que ce soit dans le monde, ni même en général hors de celui-ci, qu'il soit possible de penser et qui pourrait sans restriction être tenu pour bon, à l'exception d'une *volonté bonne*.[69]

Seule la bonne volonté importe, pas ce qu'elle cause. Les conséquences et les résultats d'une action sont même, d'un point de vue moral, secondaires. Car, selon Kant :

> Ce n'est pas ce que la bonne volonté effectue ou accomplit qui la rend bonne, ni son aptitude à atteindre quelque but qu'elle s'est proposée, mais c'est uniquement le vouloir ; autrement dit c'est en soi qu'elle est bonne [...]. [70]

Ainsi d'un point de vue moral, il est absolument indispensable de sauter dans l'eau et de vouloir sauver une personne qui se noie. Le fait que l'on y parvienne ou pas est finalement dénué d'importance pour le jugement de la qualité morale de l'acte de sauvetage. Ce qui est décisif, c'est la bonne volonté de la personne individuelle.

Que puis-je espérer ? La critique de la religion

À la question de savoir s'il est possible de déduire l'impératif catégorique de Dieu, Kant a répondu que c'est le contraire. Si Dieu existait, il devrait lui aussi, et lui tout particulièrement, se tenir à l'impératif catégorique. Dieu Lui-Même n'est, pour Kant, qu'une idée qui s'ensuit logiquement de la validité de cette impératif catégorique :

L'idée d'un être tel, devant lequel tous les genoux se plient, découle de cet impératif et non l'inverse. [71]

Ceci est aussi valable pour Jésus, le saint fils de Dieu dans les Évangiles :

> Même le Saint des Écritures doit préalablement être comparé avec notre idéal de la perfection morale avant qu'on le reconnaisse comme tel. 72

Dans son petit essai (auquel il donna un titre qui en dit long) « La Religion dans les limites de la simple raison », Kant définit l'action morale uniquement d'après la loi morale comme action autonome de la volonté délibérée qui se tournerait vers le bien. Par ailleurs, il récuse sèchement toutes les actions, les pénitences et les rituels que l'Église exige, comme le montre clairement le passage suivant :

> Tout ce que l'homme pense pouvoir encore faire en dehors de la bonne conduite de vie pour devenir agréable à Dieu est une simple illusion en religion et un faux culte de Dieu. 73

Finalement, toute religion doit être mesurée selon les critères suivants : est-elle raisonnable, remplit-

La pensée centrale de Kant

elle donc dans les limites de la simple raison une mission ayant du sens et qui soit moralement justifiable au sens de l'impératif catégorique ? Ainsi, Kant a délimité la zone dans laquelle il est possible de laisser faire la religion. C'est dans la mesure – et seulement dans la mesure – que la croyance en Dieu aide à mettre en pratique la loi morale supérieure de la raison pratique qu'elle est souhaitable. Il répond finalement à la question « que puis-je espérer ? » en mettant à la place de la révélation les soi-disant « postulats de la raison ». Toutefois, conformément à la traduction latine, ces postulats ne sont que des « exigences » ou des « recommandations » de la raison. Cela signifie que dans un but pratique il peut être raisonnable de supposer que l'immortalité de l'âme, et même Dieu en tant qu'idée d'un principe moralement bon, existent, même si l'on ne peut ni reconnaitre ni prouver ces idées. Mais moralement, elles ne sont pas nécessaires. Kant ne laisse place ici à aucun doute :

[...] La morale [...] n'a besoin ni de l'idée d'un autre être au-dessus de lui pour connaître son devoir, ni d'un autre mobile que la loi elle-même pour observer son devoir. [74]

Nous ne pouvons donc être sûrs de nos actions morales que si nous faisons exclusivement confiance à notre propre bonne volonté et que nous nous engageons nous-mêmes, de notre propre chef, à agir bien au sens de l'impératif catégorique. Le célèbre historien de la culture, Egon Friedell, l'a également formulé de la manière suivante : « en tant qu'être doué de connaissance, l'être humain est le législateur du monde extérieur ; en tant qu'être moral, il est son propre législateur. »

À quoi nous sert aujourd'hui la découverte de Kant ?

L'établissement philosophique des sciences

La philosophie critique de Kant représentait une profonde césure dans l'histoire du monde, césure dont les conséquences se font encore ressentir aujourd'hui. On peut dire qu'il y a un monde avant Kant et un monde après Kant. Si le monde avant la philosophie critique de Kant était encore naïf et marqué par un mélange désordonné de domaines de connaissance les plus variés et des accès les plus différents à la connaissance, après lui, il existe une répartition parfaitement claire et incontournable de la science. Pour la première fois, Kant a défini quatre grands domaines scientifiques et les a séparés avec précision les uns des autres. Il est parvenu une fois pour toutes à poser les limites entre la philosophie et la théologie, à poser les fondements des mathématiques et de la physique et, en outre, à poser la pierre angulaire de toutes les sciences naturelles modernes.

Jusqu'à ce jour, l'Église ne lui a pas pardonné la séparation entre la philosophie et la théologie, étant donné qu'on lui a reproché d'avoir, avec sa critique de la connaissance, discrédité la théologie, c'est-à-dire la science de Dieu, et de l'avoir reléguée au royaume de la spéculation. Lorsqu'il était encore en vie, Kant lui-même devait déjà se défendre contre ce reproche. Ainsi, il écrit pour se justifier :

Il me fallait donc mettre de côté le *savoir* afin d'obtenir de la place pour la croyance [...]. [75]

Sans aucun doute, avec sa « Critique de la raison pure », Kant a ajouté à la foi un domaine propre en deçà de la connaissance. On lui reproche pourtant qu'en séparant la foi de la connaissance il est devenu le fossoyeur de la religion, puisque de nombreuses personnes modernes préfèrent faire confiance à la connaissance. Au centre de cette connaissance moderne à laquelle nous confions aujourd'hui notre destin se trouvent les sciences naturelles. Et celles-ci, elles aussi, sont indissociables du nom de Kant. À la fin du XVIIIe siècle, il a donné le signal du départ de la course dans laquelle se lançaient les chercheurs et les ingénieurs. Sa critique révolutionnaire de la connaissance a pour la première fois été à la base d'une clarté méthodique. La connaissance des sciences naturelles, telle était son exigence, doit toujours pouvoir être vérifiée de manière empirique et sensible malgré la possibilité d'établir une théorie *a priori*. Ainsi la première pierre de la physique expérimentale a-t-elle été posée. Le fait qu'une théorie puisse être découverte par hasard lors d'une observation ou, au contraire, qu'au moyen d'un modèle théorique la nature puisse être observée après coup ne joue aucun rôle. Dans les deux cas, la connaissance doit toujours pouvoir être aussi empirique, c'est-à-dire être capable d'être répétée. Sous ces prémisses sévères, les résultats de chercheurs dans le monde entier sont soudain devenus comparables et la fabuleuse marche victorieuse de la technique a débuté.

L'impératif catégorique : aiguillon de la morale

Depuis 200 ans on ne cesse de discuter, louer ou critiquer le concept d'impératif catégorique formulée par Kant. Ainsi, le philosophe Scheler le critiquait-il comme trop abstrait. Par exemple, il ne prendrait pas en compte des concepts très concrets, tel que les droits de l'homme. Au lieu de l'éthique purement formelle de Kant, il faudrait plutôt une « éthique matérielle ». Mais ces critiques se sont partiellement éteintes, car l'impératif catégorique permet implicitement d'englober des concepts très concrets, comme Kant écrit :

> Or je dis : l'être humain, et en général tout être raisonnable [...] existe comme fin en soi, et *non pas simplement comme moyen* pour l'usage que pourrait en faire, à son gré, telle ou telle volonté [...]. [76]

À quoi nous sert aujourd'hui la découverte de Kant ?

Cette formulation abstraite porte déjà l'idée que l'homme doit être respecté en tant que personne. Il ne peut pas être utilisé de manière abusive comme simple moyen, mais doit être considéré comme fin en soi, tout comme l'humanité dans sa globalité. Chaque individu a ainsi le droit de se développer en fonction de ses propres buts ou objectifs. Et la deuxième version de l'impératif catégorique développée par Kant confirme encore cette conception de façon frappante :

> Agis de façon telle que tu traites l'humanité, aussi bien dans ta personne que dans la personne de toute autre, toujours en même temps comme fin, et jamais simplement comme moyen. [77]

On voit qu'ici le respect de l'humanité est exigé non seulement comme un précepte d'action s'appliquant aux individus et à leurs droits, mais implique par ailleurs aussi leur égalité absolue. Jusqu'à ce jour, il n'est pas possible de critiquer substantiellement l'impératif catégorique. Il demeure la meilleure ligne de conduite de l'humanité et comprend déjà les fondations d'une société civile à la réalisation de laquelle nous devons encore travailler.

Les contemporains de Kant, et en particulier les poètes du mouvement Sturm und Drang [« *Tempête et passion* » *en français, est un mouvement à la fois politique et littéraire allemand de la seconde moitié du XVIIIe siècle*], l'admiraient précisément pour ces travaux-là. Toutefois, à l'époque déjà, une certaine mauvaise humeur se faisait ressentir en raison de l'augmentation excessive du « devoir » par le bien trop sévère philosophe de Koenigsberg. Kant avait ainsi observé que même une personne digne d'admiration, qui fait le bien, n'agit pas forcément de façon purement morale puisque ses actions peuvent être dictées par le plaisir plus que par le devoir.

> Mais je soutiens que, dans un tel cas, une action de ce genre [...] n'a pourtant aucune vraie valeur morale, [...],

> car à la maxime fait défaut la teneur morale, telle qu'elle consiste en ce que de telles actions soient accomplies, non par inclinaison, mais *par devoir*. [78]

À quoi nous sert aujourd'hui la découverte de Kant ?

Quand le poète Friedrich Schiller lut ces lignes, il composa un poème moquant le concept kantien du devoir :

« C'est volontiers que j'aide mes amis, mais hélas,
j'y prends du plaisir

Et je suis rongé par le doute,
suis-je vraiment vertueux ?

À cette question je ne vois qu'une réponse :
Essaye donc de les mépriser entièrement

Et d'accomplir avec répugnance ce que le devoir t'enjoint. » [79]

On peut effectivement reprocher à Kant une rigueur éthique excessive. Si, en effet, rien de ce que nous faisons par désir n'est moral, les actions morales n'existent qu'à peine. Toutefois, Kant lui-même reconnaissait que l'impératif catégorique est un idéal auquel on ne peut satisfaire partout et toujours. Peut-être constitue-t-il cependant un idéal moral qui doit nous stimuler tous. En outre - et c'est là le message le plus important de la philosophie morale de Kant - chaque individu est en mesure de décider indépendamment du bien et du mal. Personne ne peut et ne doit accomplir des ordres dont il ne peut pas répondre. Certes, contrairement à l'Anglais Locke, Kant n'a formulé aucun droit catégorique à la résistance. Mais la seule conclusion pratique qu'il semble possible de tirer de l'impératif catégorique, c'est que, dans des cas douteux, il faut refuser une loi ou un ordre si cette loi ou ordre ne correspond pas à la loi morale intérieure de l'impératif lui-même. Car, en dernière instance, nous ne sommes responsables que face à nous-mêmes. C'est à nous qu'il appartient de formuler nos lois propres. C'est à cela que se mesure le monde autour de nous.

La durabilité : la maxime des Modernes

L'application conséquente de l'impératif catégorique n'a jamais été aussi importante qu'aujourd'hui. Que les principaux pays industrialisés s'accordent sur une réduction des émissions de gaz à effet de serre lors d'une conférence mondiale sur le climat, et qu'à l'avenir des milliards de ménages adhèrent à une économie durable, tout cela dépend essentiellement du fait que nous réussissions à appliquer nos principes d'action individuels, au sens kantien, à l'action de toute l'humanité. Tant que certains états et certains citoyens privilégieront de manière utilitaire leur propre intérêt par rapport à une solution universelle modèle, l'exploitation abusive des fondements de notre existence se poursuivra. En qualité de philosophe, on est parfois tenté de souligner le projet d'explication d'Emmanuel Kant et d'exiger que les chefs d'État suivent une formation philosophique avant toute rencontre au sommet, à la fin de laquelle ils pourront réciter et appliquer l'impératif catégorique :

Agis de façon telle que tu traites l'humanité, [...] toujours en même temps comme une fin, et jamais simplement comme moyen. [80]

Dans la plupart des cas, les politiciens, en tant que représentants des intérêts économiques nationaux, ne suivent que l'impératif suivant : Agis de telle sorte que tu garantisses la richesse et la survie de ta propre nation, en utilisant pour ce faire les autres nations comme moyen pour atteindre ce but, en les gagnant à la cause de la réduction volontaire des émissions nocives et, en même temps, en protégeant ton économie nationale en faisant le moins de concessions possible.

Le message des « Lumières » – penser et agir au-delà des individualités et des nations – est certes compris aujourd'hui par beaucoup, mais n'est toujours pas mis en pratique. Comme il en ressort du commentaire suivant, Kant savait lui aussi que l'impulsion critique de la philosophie des Lumières est loin d'être terminée :

> Lorsqu'ensuite on se demande : vivons-nous actuellement dans une période éclairée? La réponse est la suivante : Non, mais vraisemblablement dans une période d'éclaircissement. [81]

Cette exhortation de Kant à poursuivre le projet des Lumières s'applique justement à l'époque actuelle, où nous sommes confrontés au défi de changer notre manière d'exploiter la planète. Mais n'est-il pas déjà trop tard ? Est-ce que la catastrophe écologique peut encore être évitée ? Le philosophe Adorno craignait

À quoi nous sert aujourd'hui la découverte de Kant ?

que la « raison instrumentale » n'ait déjà entièrement refoulé la raison objective et que nous soyons soumis, impuissants, aux considérations matérielles utilitaires et aux intérêts capitalistiques. Le projet de la philosophie des Lumières, dit Adorno, est finalement condamné à échouer. Kant ne voit pas cela comme ça. Un détournement de la déraison pour revenir vers la raison est, en principe, possible, et ce, toujours et à n'importe quel moment :

Il n'est jamais trop tard pour devenir raisonnable et avisé ; toutefois, lorsqu'on se rend tardivement à la raison, il devient toujours plus difficile de la mettre en marche. [82]

En effet, nous comprenons très tard que nous devons à l'avenir exploiter la planète de manière économiquement durable. Effectivement, nous nous sommes habitués depuis des temps immémoriaux à exploiter la terre. Le commandement biblique « Soumettez la terre » devrait tout d'abord être remplacé par une nouvelle réflexion critique. Mais, s'il existe dans l'histoire de la philosophie un principe éthique qui apporte un soutien inconditionnel à la notion de durabilité écologique, alors c'est bien l'impératif catégorique d'Emmanuel Kant.

La philosophie des Lumières ne connaît pas de limites : Sapere Aude !

Kant est le penseur central de la philosophie des Lumières, de cette époque qui, pour la première fois, a influencé l'Europe entière vers un nouveau mode de pensée. En France et en Angleterre, Rousseau, Montesquieu et Diderot exigeaient que l'irrationalisme du Moyen-Âge avec ses bûchers pour sorcières, ses exorcismes et sa royauté de droit divin laisse la place à une pensée moderne et rationnelle et un état démocratique. En Angleterre, Locke et Hume ont fait avancer la philosophie des Lumières et la souveraineté du peuple. Kant lui-même est conscient de la rupture qui se produit à cette époque :

À quoi nous sert aujourd'hui la découverte de Kant ?

> Les Lumières sont ce qui fait sortir l'homme de la minorité qu'il doit s'imputer à lui-même. [83]

Nous sommes nous-mêmes la cause de notre état de minorité parce que nous n'avons pendant longtemps pas fait usage de notre raison. D'après Kant, les êtres humains seraient restés beaucoup trop longtemps apeurés sous le joug des religions et des croyances, sans se poser de questions critiques sur la société et les forces de la Nature :

> Il doit s'imputer à lui-même cette minorité, quand elle n'a pas pour cause le manque d'intelligence, mais l'absence de [...] courage, nécessaires pour user de son esprit [...]. [84]

Les êtres humains manquaient de courage pour remettre en question les dogmes qui régnaient. Ainsi, pendant longtemps, la royauté de droit divin n'a pas été remise en question et le roi était accepté comme roi parce qu'il était le fils du roi qui le précédait. Ce n'est qu'avec la Révolution Française que tout a changé. « Qui doit gouverner le peuple, sinon le peuple ? », telle est alors la question. Même Kant, qui vivait encore sous la monarchie prussienne, exigeait l'examen critique de toutes les traditions et de tous les dogmes. Dans son introduction à la « Critique de la raison pure », il écrit déjà la phrase si souvent citée et qui reflète l'ampleur du renouveau que connaissait son époque :

> Notre époque est en fait l'époque de la critique à laquelle tout doit se soumettre. La religion, du fait de son caractère sacré, et la législation, du fait de son caractère souverain, veulent toutes les deux y échapper. Mais dans ce cas, elles soulèvent alors un doute légitime envers elles-mêmes et ne peuvent pas faire valoir un droit à un respect inconditionnel. [85]

À quoi nous sert aujourd'hui la découverte de Kant ?

Un « droit à un respect inconditionnel », continue Kant, ne mérite que la loi qui peut résister à un examen libre et public. Par principe, nous devons douter de toute loi et la soumettre à un examen. Et si elle ne résiste pas à la critique, elle doit être améliorée ou abrogée, car dit Kant :

Une chose est sûre : celui qui a goûté une fois à la critique est pour toujours répugné par tout ce qui relève du dogme [...]. 86

L'exigence de critique permanente s'applique jusqu'à ce jour et est peut-être la chose la plus importante que nous ait léguée Kant. Nous ne devons jamais cesser de remettre en question les rapports existants. L'invitation de Kant à réfléchir de manière critique est plus actuelle que jamais :

Sapere aude ! Aie le courage de te servir de ta propre intelligence ! 87

Index des citations

Remarque : Les traductions des citations proviennent principalement des traductions d'Alain Renaut « Kant Critique de la raison pure » (par la suite « CRP ») 3e édition corrigée, Flammarion 2006, ISBN 978-2-0807-1304-9, « Kant Critique de la faculté de juger » (par la suite « Cfj ») Flammarion 1995, ISBN 978-2-0807-1088-8, « Kant Métaphysique des mœurs » (par la suite « Mm ») Flammarion 1994, ISBN 2-08-070715-9 et de la traduction de Jean-Pierre Fussler « Kant Critique de la raison pratique » (par la suite « Crp ») Flammarion 2003, ISBN 2-08-071171-7 collection GF-Flammarion publiée aux Éditions Flammarion.

Les propriétaires d'éditions allemandes peuvent cependant aussi retrouver les citations étant donné qu'en outre, le numéro des pages des éditions originales de Kant sont indiquées à chaque fois entre parenthèses, et sont généralement marquées dans toutes les éditions ultérieures en fin de page.

1 Citation, Emmanuel Kant, La Critique de la raison pratique, citée par la suite comme « KpV », éditeur Wilhelm Weischedel, œuvres en 12 volumes, volume VII, Suhrkamp, Francfort sur le Main 1968, p. 300 (A 289, 290), Citation de la traduction de Jean-Pierre Fussler « Kant Critique de la raison pratique » (par la suite « Crp »), p. 295, Éditions Flammarion 2003, ISBN 2-08-071171-7 collection GF-Flammarion.
2 Citation, Emmanuel Kant, La Critique de la raison pure, citée par la suite comme « KrV », éditeur Wilhelm Weischedel, œuvres en 12 volumes, volume III/IV, Suhrkamp, Francfort sur le Main 1968, p. 623 (A 731/B 759), Citation de la traduction d'Alain Renaut Kant Critique de la raison pure (par la suite « CRP » p. 614, collection GF-Flammarion, 3e édition corrigée, Éditions Flammarion 2006, ISBN 978-2-0807-1304-9
3 Citation d'Alain Renaut « CRP » p. 111, en allemand KrV, p. 13 (A XII)
4 Citation d'Alain Renaut « CRP » p. 144, en allemand, KrV, p. 98 (A 52/B 76)

135

5 Kant : Logique, Librairie Philosophique Vrin (Traduction de Louis Guillermit) Paris, 1989, p. 25 ISBN 978-2-7116-0421-0 - avril 1997

6   Emmanuel Kant, Anthropologie du point de vue pragmatique, Librairie Philosophique J. Vrin, Paris 1991 (trad. M. Foucault) p. 152 (Wilhelm Weischedel, œuvres en 12 volumes, volume XII, Écrits concernant l'anthropologie, la philosophie de l'histoire, la politique et la pédagogie 2, Suhrkamp, Francfort sur le Main 1968, p. 656 (A 295/B 293).)
7   Éléments métaphysiques de la doctrine du droit, Emmanuel Kant, traduction d'Auguste Durand Paris 1853, Emmanuel Kant, « Réponse à cette question: Qu'est-ce que les Lumières? » page 1 de la réponse, citée par la suite comme « WiA », dans : éditeur Wilhelm Weischedel, œuvres en 12 volumes, volume XI, Écrits concernant l'anthropologie, la philosophie de l'histoire, la politique et la pédagogie 1, Suhrkamp, Francfort sur le Main 1968, p. 59 (A 491).
8   Citation d'Alain Renaut « CRP », Préface de la première édition, p. 65, KrV, Vorrede zur ersten Auflage, p. 13 (A XI)
9   Citation d'Alain Renaut « CRP », préface de la seconde édition, p. 85, KrV, Vorrede zur zweiten Auflage, p. 33 f. (B XXXI, XXXII)
10   Citation d'Alain Renaut « CRP » p. 144, en allemand, KrV, p. 666 (A 789/B 817)
11   Citation d'Alain Renaut « CRP », p. 93 et 94, KrV, p. 45 (B 1,2)
12   Citation d'Alain Renaut « CRP », p. 144, KrV, p. 98 (B 76, 77/A 52)
13   Citation d'Alain Renaut « CRP », p. 144, KrV, p. 98 (B 76, 77/A 52)
14   Citation d'Alain Renaut « CRP », p. 144, KrV, p. 98 (B 76, 77/A 52)
15   Citation d'Alain Renaut « CRP », p. 93 et 94, KrV, p. 45 (B 1,2)
16   Citation d'Alain Renaut « CRP », p. 93 et 94, KrV, p. 45 (B 1,2)
17   Citation d'Alain Renaut « CRP », p. 93 et 94, KrV, p. 45 (B 1,2)
18   Citation d'Alain Renaut « CRP », p. 93 et 94, KrV, p. 45 (B 1,2)
19   Citation d'Alain Renaut « CRP », p. 144, KrV, p. 72 (B 38, 39/A 24)
20   Citation d'Alain Renaut « CRP », p. 120, KrV, p. 72 (B 38,39/A 24)
21   Citation d'Alain Renaut « CRP », p. 120, KrV, p. 72 (B 38,39/A 24)
22   Citation d'Alain Renaut « CRP », p. 120, KrV, p. 72 (B 38,39/A 24)
23   Citation d'Alain Renaut « CRP », p. 120, KrV, p. 73 (B 40/A 25)
24   Citation d'Alain Renaut « CRP », p. 120, KrV, p. 78 (B 46,47/A 31)
25   Citation d'Alain Renaut « CRP », p. 120, KrV, p. 81 (B 50,51/A 34)

26	Citation d'Alain Renaut « CRP », p. 93 et 94, KrV, p. 87 (B 60)
27	Citation d'Alain Renaut « CRP », p. 93 et 94, KrV, p. 87 (B 60)
28	Citation d'Alain Renaut « CRP », p. 329, KrV, p. 308 (B 350/A 293, 294))
29	Citation d'Alain Renaut « Cfj », p. 156/157 (« KdU », dans : éditeur Wilhelm Weischedel, œuvres en 12 volumes, volume X, Suhrkamp, Francfort sur le Main 1968, p. 59 87 (A XXIII/B XXV))
30	Citation d'Alain Renaut « CRP », p. 120, KrV, p. 111 (B 95/A 70)
31	Citation d'Alain Renaut « CRP », p. 163, cf. KrV, p. 118 etc. (B 106, 107/A 80, 81)
32	Citation d'Alain Renaut « CRP », p. 198, KrV, p. 119 (B 107/A 81)
33	Citation d'Alain Renaut « CRP », p. 198, KrV, p. 119, KrV, p. 136 (B 132, 133)
34	Citation d'Alain Renaut « CRP », p. 198 ; KrV, p. 119, KrV, p. 136 (B 132, 133)
35	Citation d'Alain Renaut, Kant, La fausse subtilité des quatre figures syllogistiques, pages 8 et 9 ; en allemand : éditeur Wilhelm Weischedel, œuvres en 12 volumes, volume II, Écrits concernant la métaphysique et la logique 1768, Suhrkamp, Francfort sur le Main 1968, p. 599 (A 3, 4, 5)
36	Citation d'Alain Renaut « CRP », p. 165, KrV, p. 120 (B 108, 109/A 82, 83)
37	Citation d'Alain Renaut « CRP », p. 198, KrV, p. 119, KrV, p. 143 (B 143, 144)
38	Citation d'Alain Renaut « CRP », p. 78, KrV, p. 25 (B XVI, XVII)
39	Traduction par Joseph Tissot, Emmanuel Kant, Rêves d'un homme qui voit les esprits expliqués par Rêves de la métaphysique, dans Emmanuel Kant Anthropologie t. 3), page 27 ; (A 94, 95)
40	Citation d'Alain Renaut « CRP », p. 207, KrV, p. 145 et suivantes (B 147, 148)
41	Citation d'Alain Renaut « CRP » p. 144, en allemand, KrV, p. 604 (A 702/B 730)
42	Citation d'Alain Renaut « CRP » p. 144, en allemand, KrV, p. 670 (A 795/B 823)
43	Citation d'Alain Renaut « CRP », p. 556, KrV, p. 559 (A 636/B 664)
44	Citation de Jean-Pierre Fussler « Crp », p. 194, KpV, p. 205 (A 149)
45	Citation d'Alain Renaut « Cfj », p. 246, KdU, p. 188 (A 107, 108/B 108, 109)

46 Citation d'Alain Renaut « CRP », p. 54 (A VII, VIII, IX)
47 Citation d'Alain Renaut « CRP », p. 333, KrV, p. 312 (A 299, 300/B 356)
48 Citation de Jean-Pierre Fussler « Crp », p. 126, KpV, p. 140 (A 54, §7)
49 Citation d'Alain Renaut « Mm » p. 54/55, Emmanuel Kant, Fondements de la métaphysique des mœurs, citée par la suite comme « GMS » dans : éditeur Wilhelm Weischedel, œuvres en 12 volumes, volume VII, Suhrkamp, Francfort sur le Main 1968, p. 14 (BA X, XI)
50 Citation de Jean-Pierre Fussler « Crp », p. 113, KpV, p. 128 (A 39, 40)
51 Citation de Jean-Pierre Fussler « Crp », p. 194, KpV, p. 295 (A 282)0
52 Citation d'Alain Renaut « Mm », p. 107, GMS p. 59 et suivantes (BA 64, 65)
53 Citation d'Alain Renaut « Mm », p. 108, GMS, p. 89 (BA 67)
54 Citation d'Alain Renaut « Mm », p. 59, GMS, p. 18 (BA 1, 2)
55 Citation d'Alain Renaut « Mm », p. 59, GMS, p. 18 (BA 1, 2)
56 Citation d'Alain Renaut « Mm », p. 59, GMS, p. 19 (BA 2, 3)
57 Citation d'Alain Renaut « Mm », p. 59/60, GMS, p. 18 (BA 1, 2)
58 Citation d'Alain Renaut « Mm », p. 59, GMS, p. 19 (BA 3, 4)
59 Citation d'Alain Renaut « CRP », p. 666, KrV p. 686 et suivantes (B 847, 848/A 819, 820)
60 Citation de Jean-Pierre Fussler « Crp », p. 194, KpV, p. 140 (A 54)
61 Citation d'Alain Renaut « Mm », p. 53/54, GMS p. 13 (BA VII, IX)
62 Citation de Jean-Pierre Fussler « Crp », p. 194, KpV, p. 140 (A 54)
63 Citation de Jean-Pierre Fussler « Crp », p. 194, KpV, p. 143 (A 58)
64 Citation de Jean-Pierre Fussler « Crp », p. 194, KpV, p. 295 (A 282)
65 Citation de Jean-Pierre Fussler « Crp », p. 113, KpV, p. 209 (A 154, 155)
66 Citation d'Alain Renaut « CRP », p. 503, KrV, p. 498 (A 547/B 575)
67 Citation d'Alain Renaut « Mm », p. 86, GMS, p. 41 (BA 37)
68 Citation d'Alain Renaut « CRP », p. 502, (B 576, 577/A 548, 549)
69 Citation d'Alain Renaut « Mm », p. 86, GMS, p. 18 (BA 1,2)
70 Citation d'Alain Renaut « Mm », p. 60, GMS, p. 19 (BA 3, 4)
71 Traduction de François Marty, Emmanuel Kant : Opus postumum, Épiméthée, Presses Universitaires de France 1986, page 64
72 Citation d'Alain Renaut « Mm », p. 86, GMS, p. 36 (BA 29,30)
73 Emmanuel Kant, « la Religion dans les limites de la simple raison », Classiques Garnier, Paris, 2015, pp. 174-175 (trad. Laurent Gallois) (éditeur Wilhelm Weischedel, œuvres en 12 volumes, volume VIII, La

métaphysique des mœurs, Suhrkamp, Francfort sur le Main 1968, p. 842 (A 246/B 261, 262)
74 Ibid. p. 13, (Weischedel, p. 649, BA III, IV, V)
75 Citation d'Alain Renaut « CRP », p. 85, KrV, p. 33 (BXXX, BXXXI)
76 Citation d'Alain Renaut « Mm », p. 86, GMS, p. 59 (BA 64)
77 Citation d'Alain Renaut « Mm », p. 86, GMS, p. 61 (BA 67)
78 Citation d'Alain Renaut « Mm », p. 86, GMS, p. 24 (BA 11)
79 Traduction Robert d'Harcourt, Schiller, Poèmes philosophiques. 1954. Aubier, Éditions Montaigne Paris, p. 146
80 Citation d'Alain Renaut « Mm », p. 86, GMS, p. 59 (BA 64)
81 Kant Éléments métaphysiques de la doctrine du droit, « Réponse à cette question : Qu'est-ce que les Lumières? » Auguste Durand, Paris 1853, page 98, citée par la suite comme « WiA », dans : éditeur Wilhelm Weischedel, œuvres en 12 volumes, volume XI, Écrits concernant l'anthropologie, la philosophie de l'histoire, la politique et la pédagogie 1, Suhrkamp, Francfort sur le Main 1968, p. 59 (A 491),
82 Citation de Louis Guillermit, Emmanuel Kant. Prolégomènes à toute métaphysique future : Qui pourra se présenter comme science, éditions Vrin 2001, page 71 et 72, citée par la suite comme « Prolegomina » dans : éditeur Wilhelm Weischedel, œuvres en 12 volumes, volume V, Écrits concernant la métaphysique et la logique 1, Suhrkamp, Francfort sur le Main 1968, p. 114 (A 6)
83 Kant Éléments métaphysiques de la doctrine du droit, « Réponse à cette question : Qu'est-ce que les Lumières? » Auguste Durand, Paris 1853, page 87, WiA, p. 53 (A 481, 482)
84 Kant Éléments métaphysiques de la doctrine du droit, « Réponse à cette question : Qu'est-ce que les Lumières? » Auguste Durand, Paris 1853, page 87, WiA, p. 53 (A 481, 482)
85 Citation d'Alain Renaut « CRP », p. 62, p. 13 de l'édition allemande (AXI, XII), KrV, p. 13 (AXI, XII)
86 Citation de Louis Guillermit, Emmanuel Kant. Prolégomènes à toute métaphysique future : Qui pourra se présenter comme science, éditions Vrin 2001, page 68, Prolegomena, p. 243 (A 191)
87 Kant Éléments métaphysiques de la doctrine du droit, « Réponse à cette question: Qu'est-ce que les Lumières? » Auguste Durand, Paris 1853, page 87 , WiA, p. 53 (AXI, XII)

Déjà paru dans la même série:

Walther Ziegler
Camus en 60 minutes
1ère èdition janvier 2019
84 pages, Poche, € 9,99
ISBN 9782-3-2210-973-9

Walther Ziegler
Freud en 60 minutes
1ère èdition janvier 2019
88 pages, Poche, € 9,99
ISBN 9782-3-2210-969-2

Walther Ziegler
Hegel en 60 minutes
1ère èdition janvier 2019
124 pages, Poche, € 9,99
ISBN 9782-3-2210-965-4

Walther Ziegler
Kant en 60 minutes
1ère èdition janvier 2019
148 pages, Poche, € 9,99
ISBN 9782-3-2210-962-3

Walther Ziegler
Marx en 60 minutes
1ère èdition janvier 2019
104 pages, Poche, € 9,99
ISBN 9782-3-2210-967-8

Walther Ziegler
Nietzsche en 60 minutes
1ère èdition janvier 2019
152 pages, Poche, € 9,99
ISBN 9782-3-2209-114-0

Walther Ziegler
Platon en 60 minutes
1ère èdition janvier 2019
104 pages, Poche, € 9,99
ISBN 9782-3-2210-956-2

Walther Ziegler
Rousseau en 60 minutes
1ère èdition janvier 2019
104 pages, Poche, € 9,99
ISBN 9782-3-2210-960-9

Walther Ziegler
Sartre en 60 minutes
1ère èdition janvier 2019
116 pages, Poche, € 9,99
ISBN 9782-3-2210-971-5

Walther Ziegler
Smith en 60 minutes
1ère èdition janvier 2019
100 pages, Poche, € 9,99
ISBN 9782-3-2210-958-6

À paraître dans la même série:

Walther Ziegler
Adorno en 60 minutes

Walther Ziegler
Arendt en 60 minutes

Walther Ziegler
Habermas en 60 minutes

Walther Ziegler
Foucault en 60 minutes

Walther Ziegler
Heidegger en 60 minutes

Walther Ziegler
Hobbes en 60 minutes

Walther Ziegler
Popper en 60 minutes

Walther Ziegler
Rawls en 60 minutes

Walther Ziegler
Schopenhauer en 60 minutes

Walther Ziegler
Wittgenstein en 60 minutes

Auteur:

Walther Ziegler est professeur d'université et docteur en philosophie. En tant que correspondant à l'étranger, reporter et directeur de l'information de la chaîne de télévision allemande ProSieben, il a produit des films sur tous les continents. Ses reportages ont été récompensés par plusieurs prix. En 2007, il prit la direction de la « Medienakademie » à Munich, une Université des Sciences Appliquées et y forme depuis des cinéastes et des journalistes. Il est l'auteur de nombreux ouvrages philosophiques, qui ont été publiés en plusieurs langues dans le monde entier. Dans sa qualité de journaliste de longue date, il parvient à résumer la pensée complexe des grands philosophes de manière passionnante et accessible à tous.